50 PROYECTOS de ACCIÓN SOCIAL para INVOLUCRAR A LOS Y JÓVENES CAMBIAR EL MUNDO

Dr. Mark Arellano

50 PROYECTOS de ACCIÓN SOCIAL para INVOLUCRAR A LOS Y JÓVENES CAMBIAR EL MUNDO

Dr. Mark Arellano

50 PROYECTOS DE ACCIÓN SOCIAL PARA INVOLUCRAR A LOS JÓVENES Y CAMBIAR EL MUNDO
Edición en español publicada por
Editorial Vida – 2013
Miami, Florida

Este título también está disponible en formato electrónico.

Edición: *Raquel Martínez*
Diseño interior: *Luvagraphics*

ISBN 978-0-8297-6486-4

CATEGORÍA: Ministerio Cristiano /Juventud

IMPRESO EN ESTADOS UNIDOS DE AMÉRICA
PRINTED IN THE UNITED STATES OF AMERICA

13 14 15 16 RRD 6 5 4 3 2

«El mayor error lo comete quien no hace nada porque solo podría hacer un poco».

— Edmund Burke

CONTENIDO

Dedicado a todos los héroes anónimos que luchan por la justicia social.

RECOMENDACIONES

Todas las ideas plasmadas por Mark en este libro, desde las más sencillas como asistencialismo inmediato, hasta las más complejas que van cargadas de desarrollo, demuestran que todos podemos hacer algo por alguien en necesidad.

Creo necesaria la lectura de este libro para un cambio positivo. Su atrapante mensaje de transformación contenido en cada proyecto es una total inspiración para todo aquel que se embarque en esta aventura. Conozco de cerca el trabajo y la labor social del Dr. Mark Arellano. Su corazón apasionado hace de su vida un mensaje que nos inspira a la reflexión y acción.

Ismael Cala
Periodista, Autor, Conferencista Internacional

He trabajado de cerca con el Dr. Mark Arellano desde hace más de cuatro años. Me asombra la energía y el entusiasmo que le mete a cada proyecto que desenvuelve. En lo personal, ha sido una fuente de gran inspiración.

En este libro, el Dr. Arellano aporta frescos e innovadores conceptos sobre cómo cumplir la misión de Jesús, quien ama encarecidamente a este mundo en sufrimiento. Las ideas plasmadas aquí son para aquellas personas que desean ser las manos, los pies y el beso de Jesús, llevándoles Su gracia, amor y compasión a los más necesitados. ¡Es tiempo de llevar esa Divina Esperanza a través de acciones reales! Es por esto que me permito recomendar ampliamente esta obra, práctica y sencilla, escrita en un momento crucial de nuestra historia.

Marcos Witt
Presidente de Grupo Canzion, Músico, Escritor y Pastor

PRÓLOGO

A mí me gustan los líderes de jóvenes porque usualmente son espías en la tierra del futuro. Como Josué y Caleb, esos conquistadores del relato bíblico que cuando entraron por primera vez a la tierra prometida y sus compañeros vieron gigantes, ellos en cambio, vieron leche y miel.

Mark es uno de esos jóvenes. Donde otros ven necesidad y responden con indiferencia, él ve oportunidad y responde con acción. Y por eso, este libro se trata precisamente de eso: de actuar y hacer una diferencia. De moverse y movilizar. De comenzar, hacer, empujar y provocar para ver esos cambios que todos deseamos, pero que no todos hemos tenido la oportunidad o la voluntad de hacer. La nueva generación los está esperando y está deseosa de seguir a líderes que les movilicen a vivir una vida que valga la pena ser vivida. Por eso me entusiasma tanto este material. Su lectura nos va a permitir a todos parecernos más a Jesús. Declarar menos y hacer más. Esperar menos y accionar más. Estas páginas nos van a facilitar entusiasmar a la nueva generación con los planes de Dios para sus vidas.

En cuanto al autor, puedo decir que cuando uno sirve de mentor a un joven líder, no puede tener satisfacción más grande que verlo crecer y disfrutar la manera en que ha multiplicado lo invertido en él, y eso es lo que significa Mark para mí. Conozco al autor de este libro desde que era prácticamente un adolescente y lo he visto no solo soñar en grande, sino esforzarse en grande para terminar su carrera de medicina, generar proyectos de solidaridad, movilizar las voluntades de personas influyentes de cara a alguna iniciativa de justicia social, dormir en aeropuertos, en centros de asistencia entre calles de tierra y pasar horas interminables ayudando a los más desdichados, así que puedo asegurar que tiene autoridad para escribir estas cosas y que por eso sus ideas son geniales para movilizar a nuestros jóvenes a la acción. Él lo ha hecho.

Muchos dicen que escriben libros prácticos. Este lo es.

Dr. Lucas Leys
Autor y conferencista internacional

INTRODUCCIÓN

Por amor a Dios, a la gente y a la vida:

Si alguna vez has estado involucrado en un proyecto de servicio a tu comunidad, experiencia misionera, construcción de hogares en pro de los necesitados o cual fuere el caso; probablemente hayas experimentado ese «sentimiento de una gran labor» y te sientas listo para cambiar el mundo.

Pero luego vuelves a tu vida normal con su rutina y sientes que retrocediste los tres pasos que habías dado hacia delante en tu misión de cambiar al mundo. ¡Y puede ser frustrante! Luego evalúas la lista interminable de cosas que suceden a tu alrededor: abortos, secuestros, guerras, hambre, racismo, pobreza, etc., y te das cuenta de que la tierra sufre toda clase de problemas.

La pobreza material siempre se podrá satisfacer con lo material; pero los despreciados, los no amados, los no cuidados, los olvidados, los solos... esta es una pobreza mucho más grande. Jesús dijo en una oportunidad: «Tuve sed, y me diste de beber; tuve hambre, y me diste de comer; tuve frío, y me cubriste [...] por cuanto lo hiciste a uno de mis pequeños, a mí lo hiciste. Por cuanto recibiste a uno de mis pequeños, a mí me recibiste» (Mateo 25.35-36,40). Esto es difícil de explicar, pero una vez que descubres esa presencia, sabes a quién estás tocando, a quién estás sirviendo, a quién estás amando. ¡A JESÚS MISMO!

El objetivo entonces no es solo realizar el trabajo. Nuestro objetivo va más allá. Nuestro objetivo es saciar la sed de Cristo, el hambre de Cristo, en la cruz. Cristo estará con nosotros cuando nosotros estemos con los necesitados.

Partiendo entonces del hecho de que la tierra sufre por una mala administración del ser humano, o por decisiones equivocadas que afectan a otras generaciones, es necesario tener un llamado de atención hacia todas estas causas. Tony Campolo, profesor de sociología, dice que la mayoría de las veces la pobreza existe debido a la opresión. Los sistemas políticos y económicos del mundo no benefician a los más pobres de entre los pobres y, por regla general, parecería que los sistemas que enriquecen a los más ricos son los que al mismo tiempo empobrecen a los más pobres.

Cambiar el mundo tiene que ver tanto con la renovación de nuestro propio corazón y mente como con la realización de acciones prácticas «hacia fuera». Creo que todo encuentro con el necesitado es una oportunidad perfecta para que su riqueza espiritual transforme nuestra vida.

Siendo optimistas:

Pero siendo optimistas vemos también que el mundo está cambiando y esto puede ser favorable cuando se trata de querer ayudar. Nuestro mundo es más interdependiente que nunca. Las fronteras parecen más redes que murallas, mientras esto signifique que la riqueza, las ideas, la información y el talento se puedan mover alrededor del mundo. Para bien y para mal, no nos podemos escapar de los demás.

Nuestro mundo enfrenta tres grandes desafíos con su interdependencia: la desigualdad, la inestabilidad y la insostenibilidad. El hecho de que la mitad de la población mundial viva con menos de dos dólares al día, y un billón de personas con menos de un dólar al día, es una dura y creciente evidencia de desigualdad. Estamos sintiendo los efectos de la inestabilidad no solamente en la desaceleración de la economía global, sino también en la violencia, los trastornos populares y los conflictos políticos en Oriente Medio y en todas partes. La manera en que producimos y utilizamos la energía es insostenible, y cambiamos nuestro clima de tal manera que este emite una sombra en el futuro de nuestros hijos.

Pero creo firmemente que el progreso cambia el conocimiento, y al cambiar el conocimiento de la gente también cambia su consciencia de las posibilidades. Es un círculo de virtud. Así que es importante que se haga correr la voz, que la gente se dé cuenta de lo que funciona, que donde ha habido cooperación creativa unida a una visión comunitaria de nuestro futuro es donde estamos viendo éxito de verdad.[1]

¿De qué se trata entonces?

Este libro es el fruto de cientos de viajes alrededor del mundo y de conocer la realidad de cerca. Desde mi entrenamiento como médico en un hospital comunitario en Guatemala hasta el trabajo con toxicómanos en Europa. Desde el trabajo con los niños huérfanos que padecen VIH, y otros que mueren por el SIDA, hasta las Jornadas médicas en las comunidades más olvidadas. En mis viajes he hallado inspiración en la vida de mujeres y hombres que aparentemente tienen muy poco. Esta gente es modelo de un amor profundo, de sacrificio a favor de aquellos que tienen aún menos que ellos.

La idea principal es que encuentres esta herramienta útil para el cambio positivo. Todos tenemos algo que dar. Si bien el libro está escrito teniendo en mente a estudiantes universitarios y grupos de jóvenes (ya que suelen ser quienes más pasión tienen por cambiar el mundo), espero que estas ideas de acción también sean útiles para muchos otros que desean ser agentes de cambio.

Estas ideas están clasificadas dentro de diferentes categorías con proyectos que pueden realizarse en un fin de semana, en unas vacaciones o adoptarse para toda la vida. Pueden ponerse en práctica frente a la pantalla de la computadora, en nuestra comunidad o al otro lado del mundo. Las sugerencias abarcan contactos directos, oportunidades de trabajo comunitario, donación a causas importantes e ideas prácticas de recaudación de fondos. Encontrarás una selección de decenas de organizaciones que considero que son buenos portales para adentrarnos en el mundo.

Verás que he tomado en cuenta el rango completo de la vida con ideas tales como: maneras de defender al bebé en el útero, ideas para educar a los jóvenes en la sexualidad y el control de la natalidad, maneras de apoyar a personas con VIH/SIDA, abogar por los de la tercera edad, etc. Este libro trata de ideas y proyectos prácticos; algunos de «beneficencia» como respuesta inmediata a la crisis, y otros con enfoque en «desarrollo». Es importante aclarar que ambos son importantes; sin embargo, cuando la beneficencia opera en exclusión del desarrollo, mucho de lo que se hace se extravía. El desarrollo es la esperanza y una onza de prevención es lo que hace que avance. En cambio, una vez que se acaba la beneficencia, ¿qué queda? Lo he visto: nada. El desarrollo en contraste ve a una comunidad pobre florecer, y en lugar de ofrecer un montón de cosas gratis, invierten ese mismo dinero en crear oportunidades, negocios, proyectos que continúan permaneciendo después de la crisis.

Tomando en cuenta que yo mismo vengo de un contexto de casi 15 años como un niño apadrinado, viviendo de cerca el amor y compasión de tantos que llegaron para quedarse a través de acciones de amor, entiendo que este libro es un llamado a eso mismo, a acciones redentoras en cada área de la vida y para la vida de otros. Es para personas que quieran poner manos a la obra y estén listas para marcar una diferencia. Debemos interactuar con la sociedad en su punto de necesidad, llevar profundamente dentro de esta sociedad las cuestiones de justicia, misericordia y compasión. Solo de esta manera habrá transformación.

Me encanta cómo lo define Kara Powell en su libro *Deep Justice Journeys* [Viajes profundos de justicia]: «Cada pequeño viaje misionero, servicio comunitario o experiencia de ayuda es un "viaje de justicia" que no es más que enderezar los entuertos de otros, ya sea local o globalmente».

Pero no olvidemos que «la aventura de cambiar el mundo es un viaje que comienza con nuestra transformación interior». Espero que este material sea una invitación para iniciar este viaje. Es tiempo de poner tu lugar en la historia.

Nos vemos en las trincheras.

Con afecto por el mundo,

Mark Arellano

LA POBREZA

La pobreza no es la falta de cosas materiales, sino la falta de oportunidades

– Mark Arellano

La pobreza es una situación o forma de vida que surge como producto de la carencia o la imposibilidad de acceso a los recursos que satisfacen las necesidades físicas y psíquicas básicas humanas. Esta incide en un desgaste del nivel y calidad de vida de las personas, tales como la alimentación, la vivienda, la educación, la asistencia sanitaria o el acceso al agua potable. También se suele considerar la falta de medios para poder acceder a tales recursos por el desempleo, la falta de ingresos o un nivel bajo de los mismos. O también puede ser el resultado de procesos de exclusión social, segregación social o marginación.

¿Quiénes son los pobres? Los pobres son los que pasan hambre, los sin techo, los desempleados y los indigentes. Los vemos en todas partes, en nuestras pantallas de televisión, a nuestro alrededor... La desgracia humana está presente.

Es posible que más de mil doscientos millones de personas en todo el mundo corran el riesgo de morir por causa de las condiciones de indigencia en que viven.[2] Eso representa aproximadamente a uno de cada cinco seres humanos.[3]

La solidaridad con los pobres no es, entonces, un tipo de caridad. No podemos aislarnos de sus circunstancias y mucho menos hacer caso omiso de sus necesidades. La solidaridad requiere que tomemos acción con estrategias a largo plazo para erradicar este mal y, al mismo tiempo, crear iniciativas que alivien el sufrimiento presente.

Esto tiene importantes implicaciones; la más importante de todas consiste en dejar a un lado nuestros prejuicios hacia los llamados pobres.

Proyecto 1:
Campaña de recolección de alimentos

Como hablamos en el capitulo anterior, sabemos que hoy existen muchos comedores comunitarios, albergues y refugios que necesitan alimentos en sus reservas para alimentar a cientos de niños, indigentes, adultos y ancianos cada día.

Hay cientos de formas para recolectar alimentos, ya sea en campañas en tu iglesia, grupos de amigos, comités en tu comunidad o distribuidoras que pueden donar.

Lo importante es crear el proyecto integral en el que incluyas la causa específica a la cual donarás los alimentos. Dicho proyecto debe tener un principio y un fin para que sea integral, desde las cartas para pedir alimentos hasta la entrega final de los mismos. Ofrécele a cada donante un prendedor con el logotipo del comedor e invítale a conocer y convertirse en un voluntario. Esto te dará credibilidad a ti y al proyecto que apoyas, y de seguro muchos querrán unirse a tu causa.

Una de las ideas que más ha funcionado para recaudar fondos, comprar alimentos y donarlos a instituciones, es una iniciativa que ha tenido mucho éxito en Guatemala. Se basa en la comida. A todos nos gusta comer, convivimos, pasamos buenos ratos alrededor de la mesa y, ¿qué mejor que este compañerismo y el disfrutar una buena hamburguesa tenga un propósito más allá? Le hemos denominado «Menús con Pasión». Así que haz un contrato con algún restaurante conocido de tu comunidad, elige un menú específico, reserva para un número considerable de personas e invítalas a través de las redes sociales bajo el eslogan: Donde come uno comen seis. Debes elaborar un programa, y durante la cena puedes presentar vídeos de la causa a la cual donarás lo recaudado en alimentos. Entrega material impreso e invítalas a ser voluntarias en dichos comedores. La idea es que tú pagues la mitad al restaurante, y la otra mitad, que es un aproximado de cinco dólares, alimenta a cinco niños. Esto está basado en lo que la Organización de las Naciones Unidas considera una persona que vive en pobreza extrema, que es aquella que vive con menos de un dólar al día. A continuación desarrollaremos este tema. Si quieres saber más de la iniciativa «Menús con Pasión» e implementarla con tu equipo, puedes visitar www.passionasociacion.org

Proyecto 2:
Progresando con Solidaridad

Progresando con Solidaridad es un programa socioe-ducativo del gobierno dominicano coordinado por la vicepresidenta de la República, la Doctora Margarita Cedeño de Fernández, desde el Gabinete de Coordinación de Políticas Sociales. Está dirigido a familias que viven en condición de pobreza. Ofrece apoyo, acompañamiento y transferencias monetarias condicionadas al cumplimiento de responsabilidades y compromisos para que las familias logren su desarrollo integral, al potenciar capacidades individuales y colectivas.

El programa trabaja a través de visitas domiciliarias a cargo de una persona capacitada, denominada Enlace Familiar, que comparte y transmite informaciones y orienta-ciones que permiten conocer y desarrollar habilidades para ejercer sus derechos y deberes, así como para acceder a los servicios y espacios de participación que ofrecen el Estado y la sociedad civil para su desarrollo e integración social, bajo el concepto de ampliar capacidades y para fortalecer libertades, con la intención de romper el círculo vicioso de la pobreza.

Identificación; salud integral; educación; seguridad alimentaria, nutrición y generación de ingresos; formación humana y conciencia ciudadana; acceso a las tecnologías de la información y la comunicación, así como habitabilidad y protección del medio ambiente son los siete componentes o líneas de acción que se trabajan desde este programa para impulsar el desarrollo humano integral de las familias Progresando con Solidaridad.

Proyecto 3:
Microempresas

El Banco Mundial define la pobreza en términos absolutos. La pobreza extrema se define como vivir con menos de un dólar al día.

Más del ochenta por ciento de las personas que subsisten con menos de un dólar por día viven en pequeños lotes de tierra, donde hacen todo lo posible para ganarse la vida, a duras penas, cultivando la tierra y criando gallinas. Otras no llegan a tenerlo propio, y viven como jornaleras a expensas de otros.

Un proyecto que está tomando mucho auge en muchos países conocidos como subdesarrollados o del tercer mundo es la creación de microempresas que permiten a familias enteras convertirse en sus propias empresas productoras de la tierra. Tú puedes aportar en ello.

Las mujeres y los niños son quienes viven en las peores condiciones; son quienes más pierden cuando hay tormentas, terremotos o confiscaciones de tierras.

En Guatemala hay diferentes empresarios que han decidido paliar esta situación. Suelen decir que es mejor enseñar a pescar que dar el pescado. Yo estoy de acuerdo. Puedes ayudar a familias a enterarse de los planes que los bancos del sistema ofrecen para la microempresa, o hacer como otros que han decidido buscar empresas que puedan invertir en cinco familias dando semillas, una cabra y un par de gallinas. Con esto te aseguras de que cinco familias tengan cultivos, leche, huevos y pollo.

La idea es crear una red de reproducción y que luego estas cinco familias apoyen a su vez a otras cinco.

Iniciamos este capítulo hablando acerca de aquellos que viven con menos de un dólar al día. ¿Qué tal si nos ponemos manos a la obra y aportamos ese dólar que muchos necesitan? Hay una organización llamada «Target Earth» que concentra sus esfuerzos en los pobres de la tierra. Su eslogan es: Al servicio de la tierra, al servicio de los pobres. Al servicio de aquellos que sobreviven con menos de un dólar por día. www.targetearth. org/

Quizás puedas donar un dólar por día, por semana o por mes. Quizás puedas ayudar a los que viven en pobreza extrema dándoles los recursos para que formen su microempresa, tal vez puedas apoyarles haciendo la gestión con el banco local para que formen su microempresa y asesorarles. Lo importante es que puedas ayudar a aquellos que sobreviven con menos de un dólar al día y liberarlos de la pobreza. Es tiempo de enseñarles a pescar.

Proyecto 4:
Centros Tecnológicos Comunitarios (CTC)

Los Centros Tecnológicos Comunitarios (CTC) son espacios físicos que brindan acceso público gratuito a hombres, mujeres, jóvenes, adolescentes, niños y niñas, a las nuevas tecnologías de la información y la comunicación (TIC), permitiendo a la población con dificultades socioeconómicas, mujeres en situación de riesgo, personas con alguna discapacidad, mejorar sus habilidades y elevar sus conocimientos a través de las TIC: Estas unidades operativas ofrecen servicios de Internet, capacitación tecnológica, charlas y talleres, servicio de radio comunitaria y biblioteca, entre otros, situados en diferentes puntos del territorio de la República Dominicana.

Con el propósito de reducir la brecha digital, los servicios ofrecidos por los CTC se enfocan en la capacidad y habilidad de las comunidades para poner en práctica los conocimientos adquiridos en el centro, con el fin de obtener bienestar y desarrollo personal y comunitario, estableciendo así una relación en la que el CTC es clave para el desarrollo de la comunidad.

ALTERNATIVAS DE EVANGELISMO

ANUNCIA LAS BUENAS NUEVAS

El evangelio de Jesús es la verdad más emocionante del universo. La evangelización debería ser tan natural como respirar. Dar testimonio de nuestra fe es como la respiración espiritual.

Muchas veces nos lanzamos al mundo con nuestro mensaje doctrinal haciendo aburrida la verdad más emocionante que existe y que da sentido a la vida, y lo que menos logramos es transmitir el mensaje del evangelio.

Nosotros estamos llamados a vivir entre la gente, a abrazar al necesitado y a suplir sus necesidades. Estamos llamados a expresar el amor de Jesús, su compasión y justicia como el medio a través del cual el Espíritu Santo actuará. Hemos sido puestos para brillar, para marcar una diferencia y dejar nuestra huella en la historia. Se nos ha puesto en medio de la sociedad contemporánea, con nuestras vidas llenas del Espíritu Santo, para poder influenciar y mostrar el amor de Dios al mundo donde fuimos llamados a vivir; para cultivar amistades con las personas que todavía no han descubierto que Dios es verdaderamente su mejor amigo.

Esperemos que a medida que nos convirtamos en la presencia de Jesús en nuestra sociedad, podamos abrazar a las personas y llevarles a su destino en Jesús. Esa es la mejor expresión de la evangelización, porque no hay evangelio sin justicia social.

Proyecto 5:
Practica la hospitalidad

Los actos sencillos de amor rompen con el ritmo acelerado. Cuando hablamos de evangelismo en términos modernos lo primero que viene a nuestra mente son «relaciones». Hoy en día no hay mejor manera que cultivar «relaciones», relaciones que se conviertan en «relaciones significativas».

Y ¿quién mejor que la familia de Dios para comunicar el mensaje del amor de manera práctica?

Un grupo de líderes de una iglesia decidieron crear albergues para personas que carecían de un techo para dormir. Durante las épocas de verano es fácil que estas personas encuentren refugio en las playas u otros lugares para dormir. El invierno es una época perfecta para crear estos lugares provisionales para que muchos puedan pasar la noche, ya sea en un lugar de renta, en la iglesia misma o quizás hasta en tu casa.

La mayoría de nosotros les daríamos refugio a nuestros amigos. Quizás siempre recibimos a personas que vienen del extranjero y posan en nuestras casas. Pero, ¿qué tal si practicamos este principio tal cual lo menciona Lucas 6.35: «Háganles bien y denles prestado sin esperar nada a cambio»?

Este tipo de hospitalidad es la esencia de lo que significa ser cristiano.

Puedes organizar un buen equipo que trabaje en crear dicho albergue provisional para el invierno y las épocas de frío. Crear un ambiente de hogar para los sin techo y tener tiempos de convivencia con ellos.

Suena osado y hasta imposible, pero hoy hay muchos que lo hacen, así que tú también puedes lograrlo. Reúne a amigos, recauden fondos para el mantenimiento, pide donativos de camas y cobertores en tu iglesia o comunidad. Siempre encontrarás personas dispuestas a aportar si tan solo te atreves a dar el primer paso.

Proyecto 6:
Misiones biocupacionales

¿Misiones biocupacionales? ¿Qué es eso? Hace cuatro años un grupo de amigos se reunió para hablar de su pasión por las misiones.

Los tres eran hijos de pastores y tenían ideas de antaño en cuanto a lo que son las misiones (en África, pasando hambre, frío y siendo perseguidos). Mucho de esto sigue vigente, pero en este caso la diferencia era que los tres amigos sabían que Dios les estaba llamando en esencia a lo mismo, pero en forma diferente: les llamaba a ser misioneros a la cultura.

¿Misioneros a la cultura? Paso a explicarte: estos tres amigos deseaban conquistar un nuevo continente, conocido como el cementerio de los misioneros. No porque un enorme león en medio de la selva fuera a comérselos, sino más bien porque se estaban enfrentando al desafío de que la única manera para ser efectivos en el trabajo de evangelismo era a través de sus profesiones. He allí el término «biocupacional».

Entonces diremos que el término Misioneros Biocupacionales se refiere a aquellos que donan su profesión (medio de sostenimiento) y sirven a través de su vocación (evangelizar). En muchos casos la profesión y la vocación van de la mano; en otros casos, muchos de los que han viajado de esta mane-ra a países como España, Holanda o Alemania, son bien recibidos, ya que hoy un título universitario puede ser la llave perfecta para entrar a un país, dar testimonio a través de tu trabajo y dar tu tiempo en servicio.

Es como estar en tu país, solo que mudándote con tu profesión, homologando un título en el extranjero, convirtiéndote en persona productiva y que a través de tu trabajo diario puedas ser un misionero biocupacional, un misionero en la cultura, alguien que a través de su testimonio diario evangeliza de forma natural.

Cabe mencionar que el choque transcultural es algo que siempre existirá, porque en este caso hablamos de mudarte de país, ciudad y en algunos casos hasta de continente. Deberás ser sensible a las necesidades, normas de comportamiento, horarios, alimentación, vestuario y lenguaje.

Para ser efectivos a la hora de hacer misiones es importante tomar un entrenamiento previo en alguna de las tantas escuelas e instituciones que prestan esta clase de enseñanza. Para más información puedes visitar www.especialidadesjuveniles.com. Aquí encontrarás información acerca del Instituto de Especialidades Juveniles y sus cursos de Misiones.

¡Bienvenido a la aventura de las misiones! El mundo te espera.

Proyecto 7:
Ofrenda para las misiones

¿Por qué enviar misioneros a otras partes? En términos económicos por ejemplo, el salario para sostener a una familia de misioneros norteamericanos en India equivale a 30 familias misioneras locales haciendo el mismo trabajo.

Lo importante aquí es que el tener una perspectiva global de la obra de las misiones obliga a la gente a trascender su situación para ver cómo viven otras personas en el mundo. Esto a su vez fortalece la unidad mundial del cuerpo de Cristo y extiende la obra de Dios en este mundo.

Recordemos que a pesar de las ventajas que tiene levantar misioneros locales, los fondos enviados son con el propósito de aumentar los esfuerzos de evangelización local.

Un ejemplo es Gospel for Asia. Ellos hacen una labor singular. Este ministerio, dirigido por un hombre de la India, tiene más de 3.000 misioneros a tiempo completo. La meta principal de ellos es plantar iglesias entre los pueblos que no conocen el evangelio y financiar la obra de los misioneros nacionales en sus propios países. El ciento por ciento de las donaciones se destina directamente al campo misionero sin descontar grandes cifras a gastos administrativos o para otros propósitos. Puedes visitar el sitio en Internet en www.gfa.org.

Así que ya sabes, puedes tomar la determinación de ir como misionero en algún proyecto a corto, mediano o largo plazo, o quizás apoyar a cualquier organización o misionero que decida dar su tiempo para llevar a cabo la obra de evangelizar. La propuesta de este capítulo es apoyar a misioneros nativos que sirvan a su propio país. Es tiempo de dar.

EL MEDIO AMBIENTE

CUIDEMOS EL PLANETA

Mira a tu alrededor, respira y tan solo observa. Contempla el día y la noche. Diseña una puesta de sol. Crea un amanecer, cielos salpicados de estrellas. ¿Dónde termina el océano y dónde comienza el cielo? Fija tus ojos en el horizonte, disfruta el ancho del inmenso mar. Los volcanes se levantan erguidos; el espeso bosque guarda cientos de miles de árboles, flora y fauna. Considera la diversidad de aves que hay en el mundo y surcan los cielos; luego mira las profundidades de las aguas, cuánta vida maravillosa existe. Toda la creación es la obra artesanal del mismo Dios.

Las Escrituras nos dicen: «Del Señor es la tierra y todo cuanto hay en ella, el mundo y cuantos lo habitan» (Salmos 24.1).

Destruir el lienzo de un cuadro pintado por tu mejor amigo o faltarle el respeto a la obra creativa de Dios no sería otra cosa que blasfemia.

La iglesia ha guardado silencio durante demasiado tiempo en cuanto a este asunto. Hemos dejado que otros tomen nuestra responsabilidad de cuidar de la creación.

Cuando cuidamos la divina obra de arte, mostramos nuestro amor a Dios. Eso le habla claramente al mundo más que cualquier palabra.

Hay mucho que podemos hacer para cuidar nuestro planeta; hoy en día se crean muchos movimientos con el fin de cuidar de la capa de ozono, salvar los lagos y ríos de la contaminación o defender a los animales. Hay un nuevo patriotismo con respecto a este tema, se levanta una nueva generación que entiende que es tiempo de ser buenos administradores del lugar donde vivimos y donde caminarán nuestras generaciones futuras.

Proyecto 8:
Ciudades verdes

Este proyecto trata con el «reverdecimiento». No hay nada oculto en este proyecto; simplemente se trata de una acción con resultados a largo plazo: sembrar un árbol. ¿Lo has hecho alguna vez?

Hay varias maneras de reverdecer. A continuación se enumeran algunas ideas. Puedes reunir a un grupo de amigos o reclutar, o asociarte, con grupos de otra región para embarcarte en proyectos más ambiciosos. Acuérdate de acudir primero a las autoridades de tu municipalidad local para preguntarles qué puedes hacer.

Adopta una manzana. Diseña el paisaje de las aceras o tal vez de algún par de cuadras. Involucra a profesionales de arquitectura, diseño y todos aquellos que amen la naturaleza.

Organiza una limpieza a fondo. Organiza un día de limpieza con tu grupo en la zona de tu ciudad que necesite desesperadamente una limpieza a fondo para deshacerse de toda la basura. ¡A limpiar!

Planta un árbol. Planta árboles en un terreno que sea propiedad de la ciudad o de un edificio histórico. Los presupuestos municipales son cada vez más apretados, por lo que puedes involucrar a estudiantes de escuelas como un proyecto comunitario.

Crea un miniparque. No se trata de grandes instalaciones, quizás puedes colaborar en rediseñar un parque y adecuarlo a las necesidades de tu comunidad.

Involucra a profesionales, amigos y estudiantes. Esto creará conciencia de mayordomía y a la vez dejarán un legado plantado para el futuro.

Proyecto 9:
Pautas ecológicas

Todos podemos producir un impacto positivo en el cuidado de la tierra. Una manera es ofrecernos a trabajar como voluntarios para promover «hábitos» que preserven el medio ambiente. Algunas ideas podrían ser:

- **Reduce el uso de papel:** Utiliza presentaciones digitales en lugar de fotocopias.

- **Evita el despilfarro:** En lo posible, usa platos, vasos y cubiertos que se puedan lavar. Y descarta cualquier uso de polietileno porque es prácticamente imposible de reciclar.

- **Crea un sistema.** Diseña un sistema simple de reciclaje. El papel se puede reciclar. Coloca algunos avisos promoviendo las ventajas del reciclaje. Si estás estudiando en la universidad, una probabilidad es involucrar a todos los estudiantes y promoverlo como una política escolar.

Hay más recursos y material informativo sobre el reciclaje en el sitio de RecycleMania: www.recyclemania.com.

Proyecto 10:
Usa la bicicleta

Reduce las emisiones de dióxido de carbono. El automóvil es el principal culpable de la contaminación del aire.

Una manera práctica y divertida en que puedes contribuir a reducir las emisiones de dióxido de carbono y mejorar la calidad del aire es unirte a los miles que cada año en sus países van a las carreras de ciclismo, ya sea como competidores o como voceros de dichas carreras. En todo caso ir en bicicleta al trabajo, a la escuela o a la casa de un amigo puede ser una manera práctica y al mismo tiempo saludable de moverte por la ciudad.

Hoy en día está de moda ir en bicicleta. Muchas ciudades alrededor del mundo tienen la opción y facilidad de alquilarla para movilizarse. Si esto no existe en tu ciudad, simplemente adapta tu rutina diaria para viajar en bicicleta. Es divertido, saludable y estarás contribuyendo al mejoramiento del medio ambiente y al mismo tiempo lanzando un mensaje a todos los que necesitamos reducir la emisión de dióxido de carbono.

¡Vamos todos en bicicleta y disfrutemos del viaje!

Proyecto 11:
Trata bien a los animales

Los animales siempre han sido objeto de estudios, maltrato y experimentos.

Hay algo inquietante en la arrogancia humana que considera a los animales como meros recursos para ser explotados a cualquier costo. Algunos seres humanos han desarrollado un tipo de ideología de dominio en la que creen que tienen el derecho ético de usar a los animales a su antojo. No se les pasa por la mente ninguna idea de compasión o moral mientras tratan a los animales con la más absoluta indiferencia.

Tenemos tres sugerencias específicas para ser buenos con los animales.

La primera tiene que ver con cambiar nuestro estilo de vida personal para proveer las demandas normales de la vida sin hacer sufrir a los animales. Una organización dedicada a la ética en el trato a los animales es People for Ethical Treatment of Animals (PETA). Allí encontrarás los datos más recientes de compañías que torturan a los animales, aprenderás qué productos alimenticios y de vestir se fabrican sin experimentación en animales, y otros recursos informativos.

La segunda es crear una campaña educativa en el campus de tu colegio o universidad. Instala un puesto en el centro de compras estudiantil o en otro lugar público donde puedas proyectar vídeos (PETA tiene varios), colgar carteles o repartir literatura relacionada con el tema.

La última sugerencia es convocar la adhesión de la gente para campañas contra el trato cruel de los animales. PETA y otros sitios afines mantienen información actualizada sobre casos legales y legislación relacionada con el trato a los animales. Puedes instalar un puesto en el campus de tu colegio o universidad para juntar firmas, escribir cartas y definir votos. Estas sugerencias y otras se explican más en el sitio www.peta.org.

Investiga qué organizaciones en tu país trabajan en defensa de los animales y únete a alguna de ellas.

Proyecto 12:
Produce menos basura

El tema de la basura es un problema en la mayoría de los países, pero al mismo tiempo ofrece oportunidades para muchos que viven, trabajan y comen de la misma.

Es impresionante la cantidad de gente, familias y niños que crecen toda su vida trabajando entre la basura en los vertederos. Saber acerca de esto y reflexionar en ello debería hacernos más conscientes en cuanto al trato de la basura desde nuestros hogares hasta su destino final.

Rechaza: No compres algo solo porque puedes o porque quieres. Cada vez que compras algo estás usando parte de la tierra y provocando contaminación.

Reduce: Si no puedes prescindir de algo, tal vez puedas reducir el consumo. Por ejemplo, ¿Por qué no usas solo medio depósito de gasolina esta semana en vez de tres cuartos? ¿Por qué no lees el periódico en la biblioteca en vez de comprar tu propio ejemplar?

Reutiliza: A veces lo que tiramos a la basura no tiene sentido. ¿Por qué no darle una segunda vida o una tercera vida?

Recicla: Esta es la última opción, el último recurso. Es mejor evitar consumir, pero si te resulta imposible, a menudo puedes reciclarlo en vez de tirarlo a la basura. Con el reciclaje le trasfieres a otro la oportunidad de pensar cómo reutilizar ese artículo que para ti dejó de tener utilidad.

Proyecto 13:
Agua limpia

En Guatemala cada año mueren muchos niños por enfermedades derivadas de consumir agua contaminada. El agua es un tema de importancia a nivel mundial, ya sea por su escasez o por los altos niveles de plomo y otras substancias contaminantes.

Uno de los proyectos del tratamiento de agua que tiene resultados positivos y que es de fácil acceso a las comunidades y familias desprovistas de agua limpia, son los filtros Sawyer. Los filtros Sawyer se están distribuyendo como ayuda humanitaria, pero también están creando oportunidades económicas sostenibles en varios países.

Desde la implementación de dichos filtros en las comunidades se han confirmado notables cambios, con una reducción importante de enfermedades derivadas del agua contaminada.

Sawyer tiene representantes en Haití, Ruanda, Honduras, Guatemala, República Dominicana, Sudáfrica y Tanzania, entre otros.

En Internet puedes encontrar mucha información, tal como vídeos informativos y explicativos acerca de este sistema del cual tú puedes ser parte. La diferencia es que te unas y trabajemos todos por agua limpia para nuestras comunidades.

ENFÓCATE EN LA VIDA Y EN LA FAMILIA

LA FAMILIA COMO BASE Y FUNDAMENTO DE LA SOCIEDAD

La familia es una institución que existe por derecho natural, es el más natural y espontáneo de los grupos humanos.

A pesar de las distintas formas que esta ha tomado con el tiempo (familias ensambladas, funcionales o disfuncionales), la familia como comunidad de personas sigue siendo la célula básica de la sociedad. Es el único lugar en el que la persona es acogida y aceptada por el simple hecho de existir y de ser.

Debido a que la familia es una institución del derecho natural, esta tiene preeminencia, por lo que el estado está obligado a su reconocimiento, su cuidado, su vitalización y su promoción, por tanto tiene que existir una legislación orientada a facilitar el cumplimiento de su misión.

La familia y la sociedad son interdependientes, por lo que todo lo que afecte a la familia tarde o temprano repercute en la sociedad y viceversa.

La sociedad, a través de sus instituciones (familia, estado, iglesias, empresas, asociaciones civiles, etc.) debe propiciar a toda costa el bien ser y el bien estar de la familia.

Desde el punto de vista moral, en la familia es donde principalmente se desarrollan las fuerzas morales y espirituales del hombre (el amor al prójimo, la justicia, la solidaridad, la conciencia y valoración de la vida, el reconocimiento y la aceptación de la autoridad, la veracidad, la gratitud, el honor, la generosidad, la afabilidad, etc.).

Los derechos y deberes familiares

Derechos: Derecho a la vida y a la subsistencia • Derecho a la libertad de decidir lo mejor para el bien de la familia • Derecho al trabajo y a una remuneración que permita mantener con dignidad a la familia (y a un descanso saludable) • Derecho a una instrucción escolar que permita potenciar y complementar la educación familiar • Derecho a la vivienda adecuada a las necesidades de la familia • Derecho a la salud y a la seguridad social.

Deberes: Deber de contribuir activamente en la consecución del bien común • Deber de respetar las leyes justas • Deber de reconocer y respetar la autoridad legítima • Deber de respetar los derechos ajenos • Deber de contribuir a la paz y al orden social • Deber de conservar y potenciar los bienes económicos y materiales • Deber de actuar con sentido de responsabilidad social.[4]

Cuando hay una fractura en dicho núcleo y un desequilibrio entre los derechos y deberes, se producen problemas de impacto personal y social en la familia. A continuación trataremos proyectos para paliar algunas de las situaciones más frecuentes que atentan contra la vida misma y algunas otras disfunciones como el divorcio, el abuso sexual, el embarazo de adolescentes, etc.

Proyecto 14:
Lucha contra el aborto

> «Por favor, no maten al niño; nosotros nos ocuparemos de él». – Madre Teresa

El mayor enemigo de la paz hoy en día es el aborto, porque es una guerra contra el niño, la muerte directa del niño inocente, asesinado por su misma madre. Y si aceptamos que una madre asesine a su propio hijo, ¿qué podemos decir de las personas que se matan entre sí? ¿Cómo podemos convencer a una mujer de que no aborte?

Esto puede ser una base para ofrecer otras alternativas a madres embarazadas que piensan que el aborto es su única solución. Aunque tú no puedas alcanzar tanto como quisieras, puedes influenciar en embarazadas para no abortar o prevenir a mujeres para evitarlo en el futuro.

En su discurso a Bill Clinton en el Desayuno Presidencial de Oración, el 3 de febrero de 1994, la Madre Teresa de Calcuta nos enseñó un principio muy valioso y valiente acerca de la vida. Su propuesta contra el aborto fue sin duda muy audaz: «Estamos combatiendo el aborto con la adopción, esto es, mediante el cuidado de la madre y la adopción de su hijo. Estamos salvando miles de vidas. Hemos enviado este mensaje a las clínicas, a los hospitales y a las comisarías de Policía: "Por favor, no maten al niño, nosotros nos ocuparemos de él"».

Quizás seguir el ejemplo de la Madre Teresa baste para hablar de la lucha contra el aborto. Se puede influenciar en la vida de las embarazadas para que no aborten, hacer una proclamación pública en favor de la vida y en contra de la muerte, cuidar de las madres y buscar familias que deseen adoptar a los recién nacidos y, ¿por qué no?, adoptar nosotros a un pequeño.

Proyecto 15:
Padres y madres solteros

Ser padre o madre en sí es difícil. Imagínate cuando por cualquier razón, ya sea el divorcio, la muerte, la separación o los embarazos fuera del matrimonio, se da esta situación. Este proyecto trata cómo apoyar a estas personas que se encuentran «solas» en la labor de criar a sus hijos.

Recuerdo que junto a mi pastor, en la iglesia en la cual crecí, iniciamos un grupo llamado «Escuela para padres». Primero identificamos a los padres y madres solteros, y luego enviamos invitaciones para unirnos cada sábado por un año consecutivo y atender las necesidades de ambos. Mi pastor se reunía con los padres y madres, y yo lo hacía con los hijos.

Por separado creamos espacios de convergencia donde tanto los padres como los hijos llegaban y ventilaban sus emociones, frustraciones y desafíos. Por un lado, los padres eran reconfortados con tiempos de reflexión, ánimo y descanso, y mi papel con los hijos era similar.

Luego, cada tres meses, íbamos juntos de campamento o retiro como una pequeña comunidad. Pasábamos tiempo compartiendo y creando espacios para la reconciliación y la comunicación.

Quizás tú puedas unirte a tu pastor, amigos o familia y ser este apoyo para los padres y madres solteros. Ellos también necesitan nuestra atención y cuidado especial. Quizás puedas comenzar escribiéndoles cartas con palabras para animarlos a seguir adelante.

Proyecto 16:
Niños con padres divorciados

Los hijos de padres divorciados por lo general sufren de depresión y estrés postdivorcio. La tensión producida dentro del hogar antes, durante y después del divorcio, hace que estos niños sufran en silencio la agonía y soledad por no arriesgarse al rechazo, la burla y la humillación. El resultado es una mezcla que puede ir desde la vergüenza hasta la culpabilidad.

Los divorcios y separaciones son cuestión de todos los días, ocurren en cada vecindario, al lado de tu casa o en tu casa misma. La confianza de los niños en sí mismos es afectada y crecen con grandes conflictos internos. Pero ¿qué hacer con estos niños?

Definitivamente esto llevará tiempo y se requiere tener expectativas reales. ¿Qué tal si conformas a un grupo de profesionales, pastores, maestros, psicólogos, consejeros...?

Crea un proyecto de recuperación emocional, llévalos de campamento o retiro con el fin de tratar abiertamente estos temas y dales espacios para la reflexión, el deporte, las actividades de grupo y de terapia. Estoy seguro de que estos momentos pueden marcar un antes y un después en sus vidas.

Proyecto 17:
Víctimas de abuso sexual

En su libro *Padres a prueba de crisis*, Rich Van Pelt nos explica que existen tres categorías de abuso sexual:

1. Sin contacto: voyerismo, exhibicionismo, exposición a las actividades sexuales, ver pornografía.

2. Con contacto: molestar sexualmente, penetración, incesto, ver pornografía.

3. Forzado o físicamente violento: Violación, sadismo, masoquismo, pornografía.

Pero ¿qué hacer en estos casos? Puedes informar y educar a los padres acerca del cuidado en contra del abuso sexual. Recuerda que las escuelas y universidades son ambientes muy proclives a estas conductas por parte de personas mayores o agresores. Enséñales a los menores y jóvenes a reconocer señales de seducción, incluyendo el contacto físico que produzca placer, abrazos y besos fuera de lugar e inapropiados.

Educa en colegios, universidades e iglesias. También puedes crear un equipo de profesionales que puedan reportar y atender por vía telefónica o en terapias de ayuda casos de abuso sexual.

En este tema, lo más importante es informarse y estar atento a las señales.

Proyecto 18:
Bebé, Piénsalo Bien

Bebé, Piénsalo Bien es un proyecto socioeducativo, implementado por el Gobierno dominicano, para la prevención de embarazos en adolescentes que, mediante el uso de simuladores de bebés, apoya la sensibilización y concienciación de adolescentes sobre la responsabilidad de ser padre o madre, facilitando una experiencia similar a los roles y las responsabilidades de la paternidad o maternidad durante tres días continuos de atención y cuidado al bebé.

Proyecto 19:
Jóvenes Progresando con Solidaridad

Jóvenes Progresando con Solidaridad es una iniciativa en la que los y las jóvenes beneficiarios de las familias del programa Progresando con Solidaridad se capacitan y se empoderan para dar seguimiento y acompañamiento a otros jóvenes de su comunidad en un proceso de orientación y guía hacia cambios de comportamiento, educación, prevención y atención de su salud, emprendimiento económico, reducción de la brecha digital y una serie de acciones que le permitan mejorar su calidad de vida.

Esta estrategia persigue garantizar que la juventud de estas familias, como potenciales entes de cambio y recurso humano con capacidades de emprendimiento para mejorar su economía, sean protagonistas de los avances que requieren para dejar de ser subsidiados y materializar su desarrollo integral y en valores.

LOS PRESOS

ABRAZANDO A LOS MARGINADOS

«No es justo para estos niños que vivan en prisión, porque no han hecho nada malo», dijo Pushpa Basnet, de tan solo 28 años, originaria de Katmandú, Nepal. Por su labor con los hijos de los presos en dicho país recibió el reconocimiento de Heroína por una de las cadenas de televisión más reconocidas a nivel mundial.

Pero ¿qué hay detrás de estos niños que quedan a la deriva, padres y madres, seres humanos que han cometido errores y están pagando condenas, aquellos que necesitan otra oportunidad?

Imagina ahora por un momento cómo debe ser vivir entre las rejas, en un espacio reducido, acompañado por alguien que no conoces, sin baño privado y con actividades restringidas. Agrégale a eso el temor y la soledad, añádele golpizas y violaciones; vivir cada día con sentimiento de inseguridad y cargando la enorme culpa de sus actos.

¿Cuál debería ser nuestra actitud ante esto? Hemos sido perdonados y abrazados por misericordia. Continuamos pecando contra otros y contra Dios, con malas intenciones, engaños e inmoralidad, pero experimentamos continuamente la compañía de un Dios paciente que nos guía con compasión.

En el fondo sabemos que el sistema de cárceles en el mejor de los casos está mal concebido y presenta circunstancias que extralimitan el castigo y la rehabilitación. El abuso que sufren muchos presos es un crimen contra la humanidad y contra Dios.

Hay muchas cosas que podemos hacer como cristianos para interesarnos por los que hoy están detrás de las rejas. Con alegría veo cómo tantos amigos entregan su vida a este servicio, tanto a los adultos como a los niños que crecen dentro de este sistema y que a cierta edad son trasladados a centros asistenciales o dejados a la deriva.

Proyecto 20:
Apoya a las familias de los presos

Detrás de cada persona en la cárcel existe una familia: personas que sufren por la situación de su familiar, sea quien sea. Puede ser el padre de familia, la madre o uno de los hijos. Conozco de cerca muchas de estas personas que a diario luchan con la depresión al ver a uno de sus seres queridos detrás de los barrotes.

Hay muchas formas en las que puedes involucrarte si no existe algún programa especial de ayuda a las familias de los que se encuentran en prisión. Recuerda que muchas de estas familias viven no solamente con el dolor y la depresión, sino que a menudo, si es el padre quien se encuentra preso, la falta de ingresos será evidente en el hogar.

Con tus amigos y familiares puedes reunir alimentos, escribirles cartas de apoyo y en cierta manera hacerles sentir que no están solos.

También puedes hacer colectas de juguetes y llevarlos a todos aquellos niños que han nacido en prisión. Ellos también forman parte de una familia. Eso los hará sentirse especiales.

Existen grupos que se dedican a preparar retiros o campamentos para los familiares de los presos, los llevan por un día de campo en el cual puedan respirar y tener un tiempo de reflexión y donde se sientan atendidos, abrazados y amados por otros. De nuevo, el propósito de esto es que ellos sepan que no están solos en este proceso difícil.

Tus pequeñas acciones pueden marcar una gran diferencia en sus vidas.

Proyecto 21:
Regalos a los presos

¿Has visitado alguna vez los centros carcelarios o los centros de detención de menores de tu país? Conozco un grupo de amigos en Guatemala que cada Navidad tenían la brillante idea de hornear galletas para los reclusos de los centros de detención de menores. Ellos realizaban un día de inserción con los reclusos, compartían con ellos y participaban de sus tiempos de visita haciéndoles saber que a pesar de su situación no estaban solos.

Hay muchas ideas para preparar regalos para los presos. Algunas veces serán muchos y estarán catalogados según el grado de criminalidad; por ello es importante que puedas formar un equipo sólido a través de tu iglesia, colegio o universidad y llevar el regalo más preciado que puedas darles: tu tiempo. Visítalos, lleva música, palabras de reflexión, galletas horneadas por el equipo e incluso obsequios si tienen la posibilidad de comprarlos o involucrar a la comunidad.

La idea es NO olvidarlos. Por experiencia personal te aseguro que ellos están necesitados más de lo que tú te imaginas. Tu presencia en ese lugar marcará una diferencia en sus vidas.

Proyecto 22:
Escribe cartas

Aunque no lo creas, hay muchos infractores que son enviados a prisión y dejan de mantener contacto con sus familias y amigos. En el peor de los casos es la misma familia y los amigos los que no desean saber nada de ellos.

Recuerdo que en España, los domingos por la tarde, un amigo y yo escribíamos cartas para aquellos que se encontraban en prisión con ayuda de otros que habían salido de la misma y nos daban ciertos nombres de personas olvidadas por sus familiares y amigos.

Las escribíamos una vez al mes y en ellas pedíamos que nos escribieran sus peticiones de oración y necesidades, un tipo de catarsis a distancia. Después de recibir la respuesta de algunos de ellos orábamos por sus necesidades y respondíamos a sus preguntas con paciencia y amor.

Como en cualquier proyecto relacionado con los presos,

debes encarar la situación con mucha sabiduría, precaución y cuidado.

Recuerda, tú puedes marcar la diferencia en la vida de alguien con el solo hecho de escribir una carta.

LOS NIÑOS

POR CUANTO LO HICISTE A UNO DE MIS PEQUEÑOS, A MÍ LO HICISTE. — JESÚS

Para jugar no se necesitan juguetes, se necesitan niños. Pero imaginemos a un niño sin sueños, sin imaginación, sin ganas de jugar. Es muy difícil en tu mente, ¿verdad?

Pero la realidad no está en tu mente, está afuera, cerca de tu casa, de tu vecindario, de donde trabajas. Cada vez hay más niños abandonados, más niños de la calle, niños en la calle. ¿Qué te pasa por la mente cuando ves uno? Simplemente volteas a otro lado y tal vez piensas: «ya vendrán a ayudarlo». ¿Y si tú fuiste su única oportunidad para ayudarlo, la última mano que lo ayudaría ese día y simplemente cerraste tus ojos para no ver la realidad?

La pobreza, la desnutrición y otros males son mentiras que susurran al oído de nuestros niños cada día, robándoles sus sueños, quitándoles la esperanza.

Si desatendemos a nuestros niños perderemos la siguiente generación.

Nuestro futuro está en que hagamos un buen trabajo con ellos, que nos interesemos en ellos, que sepan que las oportunidades están ahí y pueden lograr salir adelante.

Aseguremos un futuro sólido y lleno de personas seguras que cuiden de la siguiente generación.

Por cuanto lo hiciste a uno de mis pequeños, a mí lo hiciste. —Jesús

Los ciclos de vida de la niñez:

Para fines operativos, las etapas del ciclo de la vida se dividen así:

MSPAS.[5]

CICLO DE VIDA	EDAD
Neonato	0 a 28 días
Lactante	29 días a menores de un año
Niñez	1 año a menores de 10 años
Adolescentes	10 años a menores de 20 años
Adulto	20 años a menores de 60 años
Adulto mayor	60 años en adelante

En la niñez se desarrollan capacidades y habilidades fundamentales, de salud, educación, comunicación, juego, constitución corporal —que descansan en una adecuada nutrición—, elementos de identidad básicos, así como una serie de nociones que fundamentan la visión del mundo.[6]

Bajo este contexto, a continuación se desarrollan algunos proyectos con los temas más importantes que afectan a la niñez en su desarrollo tales como la desnutrición, la educación y la estimulación temprana.

Proyecto 23:
Combate la desnutrición

Las tasas de desnutrición hoy en día son alarmantes. Si vamos a los extremos, Guatemala tiene la tasa de desnutrición crónica número uno a nivel de América Latina y el sexto lugar a nivel mundial. Las causas de la desnutrición suelen ser variadas: falta de acceso a los alimentos, escasez de los mismos, pobreza y sequías, entre muchas otras.

El problema de la desnutrición es igual de grande que el número de iniciativas que existen hoy en día para combatirla. Lo que se requiere es a ti.

Como Guatemala es uno de los países a los cuales apoyo en este tema, he visto muchas ideas para combatir la desnutrición: alimento preparado para recuperación nutricional de los infantes, campañas de recolección de alimentos, comedores comunitarios y jornadas de vitaminización, entre otras.

En El Salvador vive un amigo impaciente por cambiar el mundo. Él creó un movimiento llamado *Love and Roll*, el cual consiste en unir su pasatiempo favorito y una causa social. Él escogió la desnutrición como una de esas causas y organizó una vuelta en su motocicleta desde Costa Rica, pasando por Nicaragua, Honduras, El Salvador y llegando a Guatemala. Junto a su excelente equipo buscaron varios patrocinadores y, al terminar la carrera para combatir la desnutrición, logró batir el primer Récord Mundial de cinco países en motocicleta, logrando un éxito personal y para su país natal, y a la vez recaudando miles de dólares para donarlos a la causa de combatir la desnutrición.

Tú puedes batir este récord y muchos más. No tiene que ser aburrido, solo debes ser creativo. Así como mi amigo unió su pasión a una causa, tú también puedes hacerlo. Que viva el amor sobre ruedas. Combatamos juntos la desnutrición.

Proyecto 24:
Apadrina a un niño

Este es quizás uno de los proyectos personales o familiares más antiguos que existen. Me entusiasma contarte que yo mismo fui un niño apadrinado por más de 15 años.

Conozco a muchas personas y familias que se comprometen cada año con el apadrinamiento de un niño alrededor del mundo. De hecho, hoy por hoy yo mismo me he convertido no solo en alguien que apadrina a varios niños, sino también en un portavoz para que muchos más se unan. Puedo decirte que he estado del otro lado, del lado de ser un niño que sintió por muchos años el cariño de alguien extraño que decidió invertir su tiempo y sus recursos con la fe puesta en que este niño (yo) pudiese alcanzar sus sueños.

Existen muchas organizaciones para el apadrinamiento de niños, pero hoy quiero recomendar a aquellos que un día me abrazaron a mí. Con más de un millón de niños apadrinados alrededor del mundo, Compassion International es una de las causas más loables y dignas de admiración. Te invito a que visites su sitio en www.compassion.com y decidas apadrinar a un niño. Sí funciona y la ayuda llega; te lo puedo garantizar. De hecho, el escribir este libro ha sido un proyecto de gratitud para involucrar a todos los que pueda en las diferentes causas que se exponen aquí. Solo tienes que dar un paso y cambiar la vida de un niño. Quizás ese niño un día descubra la cura contra el VIH/Sida, o invente algo nuevo que sirva al mundo entero, y tú serías el detonante principal que Dios usaría en su vida.

Proyecto 25:
Orfanatos

El abandono de niños a su suerte es cada día más grande. Esto es ocasionado por las crisis económicas y por la creciente tasa de natalidad descontrolada entre adolescentes y padres que no saben qué hacer. Tengo a muchos amigos que viven su vida para dar amor y cariño a estos pequeños que son abandonados.

En cuanto a orfanatos se refiere hay dos cosas que puedes hacer: construir uno o ser voluntario en uno. Al trabajar con muchos voluntarios me he llevado la enorme satisfacción de ver a muchos jóvenes que desean montar un orfanato en un futuro. En especial me he unido a uno que guarda mis recuerdos e historias que me han movido a la acción. En un departamento de Guatemala llamado San Marcos, que recientemente sufrió un terremoto, se encuentra un orfanato que menciono aquí por su característica particular. Es un hogar de niños que se inició como parte de la labor social de una persona con carga por estos pequeños. Con el apoyo y respaldo de una iglesia, la Casa de Atención a niños de la calle abrió sus puertas y hoy alberga a unos treinta y ocho niños de descendencia indígena. Estos pequeños, algunos abandonados y otros cuyos padres tienen problemas con la ley, son enviados allí y reciben educación, salud, alimento y un techo donde vivir.

Voluntarios van y vienen, llegan y aportan su talento, enseñando castellano e inglés a los pequeños. ¿Has visitado últimamente un orfanato? ¿Te has dado cuenta de la cantidad de trabajo que representa, la cantidad de alimentos que necesitan, ropa, zapatos, enseres de limpieza, frazadas, medicamentos? Quizás no puedas tener un hogar propio, pero sí puedes unirte e invitar a otros a que se unan a esta causa.

Estos son hogares llenos de amor, historias, dolor y sonrisas. Tú puedes ser parte de la historia de estos pequeños, adoptarlos parcialmente, llevarlos a comer y luego devolverlos al orfanato; solo hazles saber que no están solos y que, a pesar de que fueron abandonados, tú no lo harás.

Proyecto 26:
Familias temporales

En el proyecto anterior mencionamos el hecho de visitar un orfanato y unirte a sus filas para el apoyo como voluntario.

Otra de las formas en que puedes abrazar a los que han sido abandonados es convirtiéndote, junto a tu familia, en una «Familia temporal».

Imagínate a estos pequeños viviendo toda su vida en un hogar junto a otros niños, viendo pasar a unas cuantas personas, voluntarios y aquellos que llegan a dejar cada año juguetes, alimentos, ropa y muchas cosas, pero sin el compromiso de estar con ellos.

Cada año mi familia y yo nos acercamos a los orfanatos en los cuales hacemos voluntariado, y nos llevamos a un pequeño a casa con nosotros. Es un tiempo hermoso a través del cual podemos agradecer a Dios el hecho de tener una familia y el poder compartir nuestro amor con alguien más.

Por un fin de semana involucramos al pequeño en nuestras vidas, familia y actividades. Le hacemos sentir el calor de un hogar, todos lo atendemos, lo mimamos, le compramos ropa, regalos y tenemos días de calidad para este pequeño.

Quizás tú puedas lograr en tu iglesia o comunidad que aquellas familias que deseen ser familias temporales para estos pequeños, tal vez por un fin de semana, se comprometan a brindarles el calor de un hogar fuera de las paredes del orfanato.

Proyecto 27:
Espacios de Esperanza (EPES)

Este es un proyecto de estimulación y desarrollo infantil destinado a niños y niñas de tres y cuatro años de edad, a través del cual, por vías formales de educación, se potencia el área del desarrollo cognoscitiva, motriz, del lenguaje y socioemocional, propiciando su formación integral. Estos espacios constituyen, además, una solución para que mujeres que viven en condición de pobreza y vulnerabilidad puedan estudiar y trabajar.

LOS ANCIANOS

ABRAZANDO LA SABIDURÍA

Estas personas nos aportan toneladas de sabiduría, historias increíbles llenas de riqueza, memorias y caminos por los cuales algún día nos tocará transitar. Y ¿qué mejor que tomarse el tiempo y aprovechar toda esta experiencia? En Proverbios 16:31 se nos dice que las canas son como una corona de honra que se halla en la vejez.

Pero ¿cuál es la realidad hoy en día? El ritmo vertiginoso de esta sociedad, el ir y venir de todos los días, hacen que empujemos a estas personas a un lado, que su presencia nos fastidie y muchas veces hasta las olvidamos en asilos al cuidado de otros.

Qué absurdo que no aprovechemos la riqueza que hay en sus vidas. Al no prestar atención a los ancianos somos peor que ignorantes: somos insensibles y crueles.

Muchos se pasean por la calles sobreviviendo, otros confinados al olvido; para muchos de ellos los que debieran ser sus años dorados son dolorosos y llenos de amargura.

Son lentos pero sensibles, sus mentes confunden las noticas de ayer con la realidad del hoy. El sol se pone mucho más lentamente para ellos. Los niños juegan a la guerra como si ellos nunca hubieran vivido una. Sus familias los desplazan; los cristianos dicen estar a favor de los que no han visto el sol, pero descartan a los que han visto despuntar el alba miles de veces.

Necesitamos reencauzar a la sociedad dándoles a los ancianos el amor y el respeto que se merecen. Volvamos a honrarlos, cuidemos de ellos, enseñemos a nuestros hijos el valor de sentarse a los pies del anciano y la anciana para aprender sabiduría.

Proyecto 28:
Ir de compras

Uno de los grandes desafíos que sufren los ancianos es la pérdida de movilidad. Si no tienen familiares que vivan cerca, los días pueden tornarse en mucha soledad.

Aunque no es fácil integrarse a la vida de las personas, algo tan simple como ir de compras puede ser un gran aliado para crear vínculos con ellos.

Recuerdo mi adolescencia cuando junto al grupo de la iglesia visitamos los asilos y realizábamos las compras de ellos. Luego hacíamos el mismo ejercicio, pero con nuestros propios abuelos, y así se convirtió en un hábito. Nos dedicamos a buscar en la comunidad a los ancianos que no tenían manera de moverse para ir a sus casas y realizar juntos la lista de sus necesidades, y luego ir de compras por sus alimentos.

En otros casos recuerdo que ellos mismos deseaban venir con nosotros y realizar sus propias compras. Quizás te toque caminar una milla más y empujar su silla de ruedas; deja que esta persona interactúe con la persona de la caja, la idea es no aislarlos más y hacerles saber que son útiles. Puedes buscar cupones de descuento para ellos y estarás contribuyendo a su economía sin que sientan que les estás dando una limosna.

Proyecto 29:
Registra sus historias

Necesitamos pasar tiempo con los ancianos para recuperar la admiración por ellos.

Una manera de hacerlo es pedirles a los ancianos que nos ayuden a rearmar nuestra historia, pedirles que nos cuenten historias del pasado que nos servirán para entender nuestro presente. A los ancianos siempre les gusta hablar mucho y recordar, así que no tendrás problema en entablar una conversación a menos que tengan alguna situación patológica.

Quizás pueden llevar a cabo una tarde temática en la cual los ancianos describan cómo eran los hogares antes, cómo era la comunidad o los precios en relación a los actuales, que hablen de sus familias y construyan juntos su árbol genealógico, que te cuenten a qué se dedicaban y cuáles eran sus hobbies. Desarrollarás una fascinante sensibilidad y a la vez registrarás hechos importantes que te servirán para entenderlos, escucharlos y convivir con ellos.

Registrar una simple historia te puede llevar a mucho más. En el proceso lo más importante es crear la conexión y que ellos sepan que los respetas y los honras.

Muchos de ellos se encuentran abandonados en asilos, algunos más felices que otros y unos amargados por el pasado.

¿Qué tal si tomas un tiempo para conocerlos, adentrarte en sus vidas, descubrirlos, escucharlos? Tú puedes ser la persona que ellos están esperando y quizás la última que esté en sus vidas.

Proyecto 30:
Trabaja para los ancianos

A muchos de los ancianos, ya sea en sus propias casas o en asilos, les gusta el trabajo.

Cuidan de sus bellos jardines, disfrutan de sus pasatiempos, invierten en manualidades y hacen el mantenimiento de la casa.

A algunos les resulta cada vez más difícil llevar a cabo las tareas que involucran demasiado esfuerzo. ¿Qué tal si te comprometes a trabajar con ellos y para ellos? De manera gratuita, claro está.

¿Por qué no te haces cargo de algunas de estas tareas que han dejado de hacer? La idea es simple pero necesaria. Forma un grupo de amigos que estén dispuestos a donar algunas horas y explícales a los ancianos que están dispuestos a realizar el mantenimiento de jardines, la limpieza de las fuentes o piletas, así como los proyectos menores de reparación, o una cerradura que no funciona, el vidrio roto de una ventana o un grifo que gotea.

Puedes crear tarjetas en donde los ancianos escriban sus necesidades y el grupo de voluntarios pueda revisar periódicamente la cartelera para suplirlas.

¡A trabajar!

Proyecto 31:
Visita a los ancianos

¿Cuánto tiempo hace que no visitas una casa de ancianos o un asilo de retiro? Cada año un grupo de amigos formamos equipos multidisciplinarios, diseñamos un plan de asilos y en un día visitamos dos o tres hogares.

Es impresionante la necesidad que ellos tienen a diario. No solo son los desafíos económicos, en los que se puede apoyar reuniendo alimentos, ropa y frazadas. Hay cantidad de trabajo y cosas que hacer en los asilos, como pintarlos, mejorar las condiciones de las habitaciones, reparar daños menores como cerrojos, tuberías o grifos.

También puedes hacerte cargo de preparar los alimentos de ese día y ayudar a alimentar a los que ya no pueden hacerlo por sí solos.

Puedes apoyar al personal de enfermería en sus labores, ayudar en el momento de bañarlos, vestirlos, peinarlos y hasta repartir sus medicamentos.

Quizás no tengas los fondos para comprar todo y deseas continuar apoyando a largo plazo. La manera más fácil y duradera es hacer «gestión». Puedes escribir cartas a empresas que deseen donar alimentos, ropa, frazadas y otras cosas que necesiten de manera periódica, creando un informe del asilo y sus necesidades básicas. Esto te dará la oportunidad de apoyar a largo plazo y saber que no fue solamente una visita de lástima sino de apoyo continuo.

Hay mucho trabajo por hacer, continuamos con la jornada.

Proyecto 32:
Regalos para los ancianos

Hay muchas maneras de hacer regalos a los ancianos. Lo primero que debes hacer es ubicar los asilos, visitarlos y pedir un listado de cuántos hay habitando allí.

Puedes involucrar de nuevo a tus amigos, grupos de iglesias, colegio o universidad.

Una buena idea sería que cada uno en tu equipo se haga cargo de un anciano, y de esta manera se personaliza el regalo y se adecua a sus necesidades.

En otro caso podrías crear con tus amigos del colegio un día para hacer tarjetas y trabajos manuales útiles, tales como cajas para lustrar zapatos, portarretratos, cuadros y un sinfín de cosas necesarias para ellos.

Es importante que regales cosas que puedan ser útiles para su edad, o comprar aquellas que sean acordes a su edad como libros, frazadas, bufandas o pantuflas.

Puedes pedir la colaboración de otros escolares para participar en un día con alimentos para compartirlos con ellos. Quizás hasta llevar algunas mascotas para alegrar el lugar, colocar música y sentarte con ellos a charlar. Hagas lo que hagas, lo más importante será crear esa conexión con sus vidas y hacerles sentir amados, respetados y que no están solos.

LOS ENFERMOS Y DISCAPACITADOS

UN NUEVO CONCEPTO DE SALUD

Durante el último cuarto del siglo XX se ha aceptado la teoría de la Producción social de la salud, que conceptualiza la salud ya NO como un continuum, en el que la salud está en un extremo y en el otro la enfermedad, sino como el Desarrollo armónico de la sociedad, mediante el cual se brindan a los ciudadanos las mejores opciones políticas, económicas, legales, ambientales, educativas, de bienes y servicios, de ingreso, de empleo, de recreación y participación social, etc.; para que individual y colectivamente desarrollen sus potenciales en aras del BIENESTAR.[2]

Según esta nueva conceptualización, la salud ya no será responsabilidad exclusivamente de un sector. De tal suerte que, para que salud y bienestar sean una realidad, se requiere de la movilización organizada de los recursos de la sociedad. Es por ello que no existe un nivel último, pero sí un nivel óptimo debajo del cual las condiciones de vida se tornan amenazantes para la salud y el bienestar. La producción social de la salud está, entonces, íntimamente ligada al desarrollo global de la sociedad. Desde esta perspectiva, la salud es, a la vez, un medio para el logro del bienestar común y un fin como elemento sustantivo del desarrollo humano.

Esta nueva conceptualización epistemológica de salud toma como referencia el crecimiento económico y el desarrollo social en armonía, y no se basa únicamente en los registros de enfermedad y muerte.

Es por ello que para medir la situación de salud de cualquier grupo poblacional, se puede utilizar el modelo del Informe Lalonde 1997, en donde se establece que existen cuatro dimensiones que determinan el estado de salud de las personas y su riesgo de muerte.[3]

Dimensión	Riesgo de muerte %
Biológica	**27**
Ecológica y medio ambiente	**19**
Estilos de vida y socioeconómica	**43**
Servicios de salud o sanitarios	**11**

Es por esta razón que hemos adoptado este nuevo concepto, que describe de manera integral el nuevo concepto de salud para ser efectivos en el desarrollo de los proyectos que proponemos a continuación.

Proyecto 33:
Los que padecen VIH/SIDA

Las Naciones Unidas estiman que más de 38 millones de personas en el mundo hoy sufren esta enfermedad. El VIH es el Virus de Inmunodeficiencia Humana, y el SIDA es el Síndrome de Inmunodeficiencia Adquirida, dos conceptos diferentes.

Tener VIH no quiere decir tener SIDA. El estar infectado con el VIH significa que uno ha estado expuesto al virus y que no es definitivo que vaya a desarrollar la enfermedad. Se puede permanecer sin síntomas (portador asintomático) por mucho tiempo. Es de fundamental importancia resaltar que con el avance de los nuevos tratamientos se puede vivir saludablemente con el VIH toda la vida. El SIDA es la etapa avanzada de la infección por VIH, con presencia de síntomas que se producen cuando el sistema inmunológico se deteriora y deja de funcionar de forma eficaz, desarrollándose enfermedades oportunistas y/o marcadoras debido a que se ha perdido la capacidad de defensa del organismo de luchar contra los distintos agentes que causan enfermedades.

En Guatemala existe uno de los lugares que hoy llamo mi segundo hogar. Es un hospicio/orfanato dedicado al cuidado de niños huérfanos, algunos de los cuales tuve la oportunidad de atender durante mi práctica médica. Los mismos fueron abandonados por sus padres; algunos encontrados en las calles, en puertas de iglesias, y otros abandonados en basureros y hoteles.

El Hospicio San José hoy es uno de los lugares que muchos visitan cada año gracias a las iniciativas que hemos creado para darlo a conocer, educar y sensibilizar a la población. El problema número uno de los portadores de VIH o los que padecen SIDA es el alto estigma y rechazo que sufren.

Todos podemos ayudar a combatir esta epidemia. Hay varias acciones que podemos llevar a cabo para aliviar la carga de las personas que deben vivir con esta enfermedad. La primera es averiguar sobre las organizaciones de servicio de salud de tu comunidad para obtener material y convertirte en un portavoz de las normas de prevención. Segunda, visita lugares como el Hospicio San José, que alberga a personas infectadas y comparte con ellas. Tercera, únete el 1 de diciembre (día internacional contra el SIDA) a las diferentes actividades para educar, concientizar y enviar un mensaje de prevención. Recuerda involucrar a tus amigos, iglesia y comunidad. El simple hecho de colocarte la moñita roja es una manera fácil de mantener el problema del VIH/SIDA en la vista pública.

Para más información puedes visitar www.unaids.org/es/

Proyecto 34:
Jornadas médicas

Una de las mejores formas de prestar ayuda a las comunidades de escasos recursos y sin acceso a la salud primaria es a través de las jornadas médicas.

Ya sea que estés involucrado en el tema de la salud (médico, enfermera, paramédico, etc.) o no lo estés, puedes llevar a cabo este proyecto como una iniciativa para aquellos en necesidad de atención en salud.

Existen muchas comunidades alejadas de todos los servicios, así que puedes convocar a un grupo de profesionales para diseñar estas jornadas y enviar cartas a médicos, enfermeras y estudiantes que deseen apoyarte. Manda cartas a las casas médicas para pedir donaciones de medicinas, muchas de ellas aun querrán patrocinar transporte y alimentos para dar a conocer sus marcas.

Deben ser muy sabios al llegar a una comunidad en cuanto a la comunicación con los comités, iglesias, escuelas y dirigentes, y dejarles saber que desean apoyar.

Busca el centro de salud o puesto de salud más cercano en caso de que no haya un hospital público, y recuerda respaldarte por ellos para referir cualquier caso grave que encuentres.

Por lo general las jornadas médicas llevan ayuda tal como vitaminas, nutrición y para enfermedades primarias de atención inmediata. Pero es una oportunidad excelente para educar a la población en cuanto a normas de higiene, salud, alimentación y control de natalidad. También tu personal médico puede identificar otros casos más graves que necesiten intervención hospitalaria y puedes ayudar a salvarle la vida a muchas personas refiriéndolas a un hospital.

Proyecto 35:
Empleo para los discapacitados

Viajando por algunas ciudades del mundo he visto con alegría cómo muchas personas con capacidades diferentes a las nuestras están en lugares públicos trabajando y prestando servicios varios.

Por ejemplo, muchas cadenas de tiendas comenzaron a contratar a personas discapacitadas físicamente para poner los artículos en las bolsas de compras o buscar los carritos de compras en el estacionamiento. Y algunas otras para servicios de portería y despedir amablemente a los compradores.

Tú puedes apoyar a estas personas identificando a los discapacitados, diseñando una hoja de vida y ayudándoles a conseguir un empleo. Recuerda que hay muchos discapacitados que están en esta condición debido a un accidente, pero antes eran personas con puestos y profesiones estables.

Tú puedes hacer la diferencia en sus vidas.

Proyecto 36:
Integra a los discapacitados

Hay mucho para hablar y escribir en cuanto a discapacidades se refiere. Cada año en cada país se celebran eventos a beneficio de estas personas que las sufren por cualquier razón, ya sea discapacidad por nacimiento y falta de nutrientes por parte de la madre en el embarazo (acido fólico, vitamina A, etc.) o por accidente.

Debes comenzar por unirte a estas causas que evidencian públicamente la necesidad de apoyar a los que padecen discapacidad. Luego únete y visita estos centros donde se lleva a cabo la rehabilitación de los discapacitados como un voluntario. Busca en tu centro de salud más cercano los planes de nutrición que tienen para mujeres embarazadas en cuanto a la prevención de discapacidades y enfermedades como espina bífida, y educa.

Recuerda involucrar a tus amigos, escuela, iglesia y comunidad. Juntos podemos salvar muchas vidas si prevenimos.

Proyecto 37:
Conciertos a beneficio

Cada año tienes la oportunidad de ayudar y unirte a cientos de causas que requieren nuestra atención y la atención pública. La mejor manera es a través de la música. Hoy en día, después de cada desastre natural, epidemia o problemática hay músicos, artistas, reporteros y periodistas que se unen con el fin de resaltar dichos problemas y unir a países y, por qué no, al mundo entero.

Estoy seguro de que si diseñas un buen proyecto tú puedes ser el promotor de conciertos, festivales y eventos a beneficio, no solamente con el fin de recaudar fondos, sino también de sacar a la luz pública la necesidad y responsabilidad social que todos tenemos para con los más necesitados.

Debes comenzar por integrar un buen equipo que incluya diseñadores, personas de logística, productores de eventos, y luego crear una visión exacta de lo que deseas hacer y con qué fin. Reúnete con ellos, abraza la visión y la causa. Creen un slogan para llamar la atención y ve a los medios de comunicación (radio, TV, prensa) y da a conocer tu proyecto. Estoy seguro de que con algo bien establecido, muchos artistas, músicos y personalidades desearán unirse al ver tu entusiasmo y el impacto que esto puede lograr en pro de aquellos más necesitados.

A cantar por la vida.

Proyecto 38:
Pelucas por amor

¿Regalarías tu pelo para hacer feliz a un niño que tiene cáncer? Es imposible no sentirte conmocionado cuando entras a una sala de pacientes con esta enfermedad y ves muchas cabecitas blancas y pálidas a causa de la quimioterapia.

Una de las cosas que más afecta el estado anímico de un niño con cáncer es perder su pelo, producto de los fuertes tratamientos a los que es sometido.

Hoy existen muchas iniciativas y movimientos con el fin de recaudar cabello para hacer pelucas para los niños que padecen cáncer y han perdido su cabello.

«Pelucas mágicas», «Dona cabello», «Ayuda con la cabeza y el corazón», entre otras, son algunas de las campañas a las cuales puedes unirte para darlas a conocer, crear tu propia campaña o quizás donar tu cabello para uno de estos niños o niñas que necesitan una peluca.

Tu cabello vale una sonrisa.

Proyecto 39:
Ve a los hospitales

Durante mi entrenamiento como médico recuerdo vivir largas horas, días, meses y años corriendo por los pasillos de los hospitales públicos, emergencias, salas de operaciones, morgue y muchos lugares donde la vida transcurre por instantes y luego ya no está más.

El dolor de muchas familias, niños, ancianos, hombres y mujeres a diario. Sin duda un lugar indicado para el amor, el abrazo y el cariño de aquellos que gozan de salud.

Todos estamos propensos a estar un día en el hospital, por emergencia o por alguna enfermedad. Durante esos años vi familias enteras mudarse a las salas y encamamientos como su hogar con el fin de cuidar a sus seres queridos.

También veía cómo llegaban grupos cada fin de semana con pan y chocolate caliente para las familias de los pacientes, llevando esperanza, cariño y una palabra de oración por estas personas.

Y es que en el hospital cada día ves a personas debatiéndose entre la vida y la muerte, necesidad por doquier, muchos naciendo y otros también muriendo.

¿Cuándo fue la última vez que visitaste un hospital con el fin de abrazar a los necesitados, orar por ellos o llevar un pan y chocolate caliente? Organiza un grupo con tus amigos, familia, iglesia o comunidad, y ve a los hospitales y a sus salas de emergencia. Seguro que ellos te esperan. Siempre encontrarás personas en necesidad y otros que nunca han sido visitados; muchos son abandonados allí para siempre. Tú puedes ser esa luz para sus vidas hoy.

Proyecto 40:
Tiende puentes

Muchos no saben cómo conducirse cuando están junto a personas enfermas o discapacitadas. Debemos quitar la mentira de que las personas con capacidades distintas a las nuestras son inferiores, y así comenzar a reflejar la verdad del amor de Dios.

Debemos convocar a nuestros amigos a unirse al voluntariado en las diferentes causas, instituciones y grupos que existen para apoyar a estas personas. Hay muchas maneras de apoyar: siendo voceros, convocando a otros a unirse, o simplemente creando puentes de comunicación y apoyo. Otras maneras de apoyar son las siguientes:

. **Ser accesibles:** Verifica que los lugares donde te mueves (iglesia, comunidad, escuela, universidad) cumplan con los estándares para personas con limitaciones físicas, tales como rampas, baños, lugares especiales para estar con sillas de ruedas.

. **Proveer transporte:** Considera la posibilidad de que tú o tu equipo de personas se ofrezcan como voluntarios para proveer transporte regular y otros servicios para aquellas personas de tu comunidad que requieran asistencia.

. **Integrar a los discapacitados:** Haz correr la voz de que quieres integrar a los discapacitados en la vida regular de tu comunidad. Invita a las personas a unirse y formar redes de apoyo para ellos y suplir sus necesidades.

LOS INMIGRANTES

CRUZANDO FRONTERAS

La historia de la humanidad ha sido la historia de grandes migraciones en las que el ser humano se ha ido desplazando desde sus lugares de origen hasta poblar prácticamente todo el planeta.

Este proceso de migración constante era la condición natural de vida de las sociedades tribales originarias. Hoy en día, por diversas causas, existen altos porcentajes de migración de personas de un país a otro en busca de mejores oportunidades. Algunas veces de manera legal y otras ilegalmente con grandes repercusiones y desafíos tanto para ellas mismas como para los países que las reciben.

Pero ¿qué de ellos? Necesitamos tener un mensaje claro de amor y de aceptación en este tiempo de fragmentación. Necesitamos llevar el mensaje de igualdad, abrazarlos y brindarles todo el apoyo que necesitan para adaptarse a su nueva vida.

Existen muchas maneras de hacerlo; a continuación presentamos tres proyectos prácticos a favor de los que migran.

Proyecto 41:
Acoge a una familia de refugiados

Quizás imaginas que los refugiados son solo las víctimas de condiciones climáticas o de terremotos, pero el mayor número de refugiados hoy en día son los desplazados por la guerra, los enfrentamientos o las reubicaciones forzosas como ocurre en los asentamientos.

Por lo general todos los que son desplazados aman su lugar de origen, sea cual haya sido, y desean volver. Para muchos de ellos es posible, pero para la mayoría es imposible y es allí en donde tú puedes apoyar. La clave de esto es hacerles entender que es un período de transición para establecerse en un nuevo lugar, aunque el alto contenido emocional que esto conlleva quizás nunca se repare si es posible darles el soporte y la atención integral necesaria para llevarlos más pronto a la adaptación a su nueva vida.

Una de las ideas más significativas es la de buscar familias que deseen acoger a otras familias para ayudarles en este proceso. Quizás no en su propia casa, por el espacio, pero sí en sus vidas, y hacerles sentir que a pesar de estar lejos tienen un hogar y personas a quienes acudir.

Tú y tu familia pueden ser vitales para sanar las heridas expuestas en estas personas que lo han perdido todo.

Proyecto 42:
Hazte amigo de estudiantes extranjeros

Durante todo el año miles de estudiantes viajan alrededor del mundo para iniciar una vida como estudiantes. Yo mismo tuve que viajar desde Guatemala hacia España y vivir en una cultura diferente con personas desconocidas y todos los desafíos que conlleva llegar a un país nuevo y desconocido.

Pero ¿qué si somos nosotros los que recibimos a estudiantes de otros lugares en nuestro país? Mientras estaba en la universidad también me tocó la experiencia de convivir con estudiantes que viajaban del interior del país y de otras partes del mundo para estudiar en la facultad de Medicina. Esto creó una oportunidad para construir puentes con otras culturas.

Hay muchas ideas prácticas que tú puedes llevar a cabo si estás en el colegio o si ya estás en la universidad. Puedes afiliarte o crear un programa para extranjeros; proveer orientación a los recién llegados; guiar a los estudiantes extranjeros en tours por la ciudad; abrir tu propio hogar para recibirlos; darles a conocer los temas importantes como seguros médicos, centros comerciales, lavanderías, lugares para realizar sus compras, hospitales; crearles un directorio con teléfonos de emergencia, etc.

En fin, la idea es encontrar todos los medios para conectarte con ellos y ser los mejores anfitriones que puedan conocer. Recuerda que un día se pueden invertir los papeles y necesitarás este tipo de ayuda a donde quiera que vayas.

Practica la hospitalidad, quizás sin saberlo estés hospedando ángeles.

Proyecto 43:
Celebremos las diferencias

Vivimos en un mundo conectado gracias a la tecnología. Cientos de emails, redes sociales de todo tipo y nuevas creándose cada día... Sin embargo, basta ver los titulares para enterarse de la historia de una minoría étnica que está siendo atacada por un grupo social, una iglesia incendiada, un homosexual asesinado, un inmigrante torturado, un pueblo indígena forzado a dejar su tierra o alguien ridiculizado por ser diferente.

¿Por qué estamos más dispuestos a destruir a otros que a construir puentes que nos unan con ellos? Al fin, menospreciar a la gente diferente a nosotros no aporta ningún beneficio.

Celebremos la igualdad. Podrías escribir historias de otros en el periódico estudiantil de tu colegio o universidad y crear conciencia de igualdad.

No se trata de perder tus valores por aceptar a otros. Algunos temen esto, pero el punto no es ese; más bien el riesgo y la división los provocamos cuando nos aislamos. Vivir en igualdad no es perder las diferencias sino, por el contrario, es el lugar propio para la coexistencia y la celebración de estas diferencias.

Celebremos las diferencias.

LOS OPRIMIDOS

ISAÍAS 58

[1]»¡Grita con toda tu fuerza, no te reprimas!
   Alza tu voz como trompeta.
Denúnciale a mi pueblo sus rebeldías;
   sus pecados, a los descendientes de Jacob.
[2] Porque día tras día me buscan,
   y desean conocer mis caminos,
como si fueran una nación
   que practicara la justicia,
como si no hubieran abandonado
   mis mandamientos.
Me piden decisiones justas,
   y desean acercarse a mí,
[3] y hasta me reclaman:
   "¿Para qué ayunamos, si no lo tomas en cuenta?
   ¿Para qué nos afligimos, si tú no lo notas?"

»Pero el día en que ustedes ayunan,
   hacen negocios y explotan a sus obreros.
[4] Ustedes sólo ayunan para pelear y reñir,
   y darse puñetazos a mansalva.

Si quieren que el cielo atienda sus ruegos,
  ¡ayunen, pero no como ahora lo hacen!
5 ¿Acaso el ayuno que he escogido
  es sólo un día para que el hombre se mortifique?
¿Y sólo para que incline la cabeza como un junco,
  haga duelo y se cubra de ceniza?
¿A eso llaman ustedes día de ayuno
  y el día aceptable al Señor?
6 »El ayuno que he escogido,
  ¿no es más bien romper las cadenas de injusticia
  y desatar las correas del yugo,
poner en libertad a los oprimidos
  y romper toda atadura?
7 ¿No es acaso el ayuno compartir tu pan con el hambriento
  y dar refugio a los pobres sin techo,
vestir al desnudo
  y no dejar de lado a tus semejantes?
8 Si así procedes,
  tu luz despuntará como la aurora,
  y al instante llegará tu sanidad;
tu justicia te abrirá el camino,
  y la gloria del Señor te seguirá.
9 Llamarás, y el Señor responderá;
  pedirás ayuda, y él dirá: "¡Aquí estoy!"

»Si desechas el yugo de opresión,
  el dedo acusador y la lengua maliciosa,
10 si te dedicas a ayudar a los hambrientos
  y a saciar la necesidad del desvalido,
entonces brillará tu luz en las tinieblas,
  y como el mediodía será tu noche.

11 El Señor te guiará siempre;
  te saciará en tierras resecas,

y fortalecerá tus huesos.
Serás como jardín bien regado,
como manantial cuyas aguas no se agotan.
¹² Tu pueblo reconstruirá las ruinas antiguas
y levantará los cimientos de antaño;
serás llamado "reparador de muros derruidos",
"restaurador de calles transitables".

¹³ »Si dejas de profanar el sábado,
y no haces negocios en mi día santo;
si llamas al sábado "delicia",
y al día santo del Señor, "honorable";
si te abstienes de profanarlo,
y lo honras no haciendo negocios
ni profiriendo palabras inútiles,
¹⁴ entonces hallarás tu gozo en el Señor;
sobre las cumbres de la tierra te haré cabalgar,
y haré que te deleites
en la herencia de tu padre Jacob.»
El Señor mismo lo ha dicho.

Proyecto 44:
El tráfico humano

La idea de que la esclavitud es algo del pasado lamentablemente no es verdad.

¿Qué podemos hacer al respecto? Algo práctico es investigar y conocer más del tema visitando humantrafficking.org y tomarlo como referente. Después puedes ponerte en acción informando de esta problemática en tu comunidad, a las autoridades como la policía nacional, a los hospitales, las iglesias y grupos de amigos.

Ten en cuenta que no necesitas ir a África o a Camboya para encontrar tráfico humano. Este flagelo está más cerca de lo que crees y quizás en las mismas estaciones de autobús, tren y aeropuertos de tu país esto ocurre diariamente.

Alerta, conoce, infórmate e informa a otros. Puedes salvar muchas vidas.

Proyecto 45:
Construcción de hogares

Imagínate por un momento que no tuvieras dónde vivir. Debido a la crisis reciente hemos visto a miles de personas tener que abandonar sus hogares por una economía que los ha dejado en la calle. Esto sin contar a los «de la calle» o aquellos que viven en comunidades nacientes, asentamientos y estructuras recicladas.

La razón no importa, la idea es unirte a grupos que hoy convocan a cientos de voluntarios y miles alrededor del mundo que pasan sus fines de semana y las vacaciones construyendo casas. En Estados Unidos existe Hábitat para la Humanidad, con más de doscientas mil viviendas construidas en todo el mundo, y otros en Guatemala como Un Techo para mi País y otras organizaciones que llegan a este y a otros países en desarrollo para la construcción de hogares.

Recientemente me uní a un grupo de amigos que llegaron de Miami para construir hogares seguros y de bajo costo a familias de escasos recursos en un poblado de Guatemala. Ellos, de manera práctica, ofrendaron su tiempo y dinero entre un grupo medio de veinte personas para costear los gastos de construcción de dichas casas. La idea es unirte a un grupo dedicado a esto o bien formar uno tú mismo y comandar la misión de construir viviendas para aquellos que no tienen una.

Para más información visita www.habitat.org, www.techo.org o www.casasporcristo.org, entre otros.

Proyecto 46:
Contra la pornografía

La industria de la pornografía, que genera millones de dólares cada año, está financiada a costa del cuerpo de hombres, mujeres y niños.

En el caso de la pornografía hay dos situaciones. Puedes organizar una marcha en contra de este tipo de flagelo, pero este capítulo está enfocado en aquellos que sufren una «adicción a la pornografía» en sus propias vidas y luchan a diario con esta actividad que se ha llegado a convertir en un hábito.

Ver pornografía puede parecer «inofensivo» al principio, sin embargo va dejando imágenes en tu mente que luego se convertirán en mentiras que nos alejarán de lograr una relación estable y equilibrada en nuestra vida. El mundo fantasioso que crea la pornografía puede desencadenar muchas distorsiones de la realidad y con el tiempo puede arruinar nuestras vidas.

En Guatemala existe uno de los mejores ministerios de ayuda por medio de una página virtual que ha tenido mucho éxito: www.libresencristo.org. Ellos existen para crear un espacio relevante en Internet en donde las personas puedan hallar recursos para vivir en pureza sexual, en cualquier país o región del mundo donde se hable español. Son un grupo innovador en crear herramientas online para lograr su propósito y proteger la privacidad de aquellos que llegan en busca de ayuda.

Si eres esclavo de la pornografía ¡no dudes en buscar ayuda! Hoy puede ser el inicio de tu libertad sexual.

Proyecto 47:
El túnel de la opresión

Cada año un grupo de universitarios llevan a cabo una actividad con el fin de proporcionar una experiencia a los estudiantes del campus. Esta se llama «El túnel de la opresión».[7] Consiste en una serie de salas en las que se exponen escenas impactantes de genocidios, violaciones, racismo y otros males en cifras y algunas imágenes.

Los estudiantes atraviesan las salas y a medida que se van informando acerca de estos males que oprimen a nuestro mundo concientizan en cuanto a la realidad y de los lejos que están de ella.

Al final del túnel o de la exposición se encuentran hojas y lápices para que escriban sus impresiones acerca de cómo se sienten, y escriban también un ensayo o ideas de cómo involucrarse para mejorar la situación.

Esto es un ejercicio para que los estudiantes se identifiquen con la realidad y puedan hacer algo práctico y concreto después de dicha experiencia. Puedes llevarlo a cabo en tu escuela, iglesia o universidad. Si nuestro deseo es cambiar el mundo, necesitamos informarnos e informar a otros de las necesidades que hay en nuestro mundo.

Proyecto 48:
Manifestación por los derechos

El 26 de junio de 1945 los delegados de cincuenta naciones occidentales se reunieron en San Francisco para establecer un organismo conocido como las Naciones Unidas, el cual ayudaría a los países y a las comunidades a resolver pacíficamente sus conflictos. Tres años después los miembros adoptaron la Declaración Universal de los Derechos Humanos para establecer formalmente los derechos inalienables de los pueblos, por igual, de todo el mundo. Con la firma de esta declaración, las naciones miembros esperaban acabar con la posibilidad de que un país violara los derechos de otras personas o grupos étnicos dentro de sus fronteras.

En el corazón mismo de estas declaraciones y pactos hay una consideración especial por aquellos pueblos más vulnerables: los más pobres, los más vulnerables a ser oprimidos.

Creo que es importante unirnos con otras personas, grupos de amigos y estudiantes en colegios y universidades, no solo para conocer, estudiar y aprender acerca de los Derechos Humanos, sino para celebrar estos derechos.

Hay muchas maneras en que se puede ser pro Derechos Humanos, un ejemplo sería programar una manifestación pública para exigir que se contemplen los derechos de las minorías étnicas, de las diversas religiones y de otros grupos marginados.

Además, ellos pueden ponerte al tanto de las violaciones específicas a estos derechos que ocurren en grupos de tu comunidad, cerca de las fronteras, comunidades indígenas o aquellos que son explotados con trabajos por largas horas y mal remunerados.

Para conocer más acerca la Declaración de los Derechos Humanos en tu idioma puedes visitar http://www.un.org/es/.

Proyecto 49:
Contra el frío

Isaías 58:7 nos habla claramente del verdadero ayuno. Lo dice de esta manera: «¿No es acaso el ayuno compartir tu pan con el hambriento y dar refugio a los pobres sin techo, vestir al desnudo y no dejar de lado a tus semejantes?».

La época de frío es una de las oportunidades más evidentes para brindar nuestro apoyo a aquellos que se encuentran en las calles. La Biblia nos invita a vestir al desnudo y no dejar de lado a nuestros semejantes.

Una de las ideas que más me entusiasma a finales de cada año o en épocas de frío es reunir a un grupo de amigos y llevar a cabo la colecta de «ponchos y frazadas» en los centros comerciales, lugar donde diariamente pasan cientos de personas, entonces damos a conocer la necesidad de muchas otras en las calles, asilos, orfanatos, estaciones de autobuses y comunidades durante esta época.

También puedes apoyar recolectando ropa en buen estado y convirtiéndote en alguien que deriva la ayuda a los lugares de mayor necesidad. Recuerda siempre contar con un buen equipo de voluntarios, tanto para la colecta como para la distribución.

Proyecto 50:
Cenas con Amor

Es Navidad. Muchos aprovechan estas fechas para hacer caridad y cientos de slogans, y se movilizan desde sus hogares, iglesias y comunidades para compartir su pan con el necesitado. Pero ¿qué sucede al día siguiente? Estas personas acaban olvidadas esperando que llegue una víspera más para que les tomen en cuenta.

Cenas con Amor es un proyecto que recuerdo de mi adolescencia. Recuerdo que durante todo un año, junto con un grupo de personas, llevamos alimento a los de la calle en distintos puntos críticos del país (los que viven en las vías del tren; los que viven en los parques; los abandonados en las aceras, los suburbios y las zonas cercanas a la frontera). Recuerdo llegar pasadas las nueve de la mañana a lugares no imaginados y hasta de película, con autos cargados de pan y chocolate caliente. Y más que «regalar comida» este grupo se encargaba de facilitar la búsqueda de hogares para la rehabilitación y reinserción de estas personas en hogares donde pudieran tener una segunda oportunidad.

Mientras compartíamos el pan y el chocolate dedicábamos tiempo para cantar y descubríamos mucho talento en las calles. En mis viajes por América Latina y Europa he encontrado mucha pasión en grupos que se dedican a esta labor. Recuerdo estos grupos en Barcelona y las conocidas Narcosalas, donde los drogodependientes llegaban a un lugar controlado para evitar dejar jeringuillas tiradas o sufrir una sobredosis. A la salida colocábamos alimentos y los invitábamos a ir con nosotros a centros de rehabilitación para iniciar su proceso de desintoxicación.

SECCIÓN 11

EN ACCIÓN

A continuación se detalla una lista de ideas e iniciativas para un activismo sano. Espero que mientras sirves a tu comunidad y al mundo, esta colección de recursos te haya resultado útil.

Creo firmemente que la iglesia (tú y yo) es el agente catalizador para llevar a cabo el cambio que necesita la sociedad. La luz del mundo se hace visible a través de los actos de los representantes de Dios: sus hijos. Es hora de actuar. Nos vemos en las trincheras.

1. Dona sangre.

2. Promueve la alimentación sana.

3. Recoge la basura.

4. Pinta las aceras.

5. Sonríe a la gente.

6. Come frutas y verduras.

7. Protesta contra la guerra.

8. Únete a una causa.

9. Evita las críticas.

10. Ayuda a los mayores a cruzar las calles.

11. Recicla.

12. Enlístate en el ejército.

13. Colecta para cooperación mutua.

14. Crea material educativo para el empoderamiento de personas indígenas.

15. Trabaja en la apertura de Centros de Recuperación Nutricional.

16. Crea Centros Tecnológicos para disminuir la brecha digital.

17. Pon transporte fuera del hospital («Cigüeñas») para mujeres recién paridas.

18. Crea guarderías para los hijos de adolescentes, para que estos puedan estudiar.

19. Entrena a mujeres en manualidades y abre tiendas para vender sus productos.

20. Crea radios comunitarias para informar, crear oportunidades y educar a la población.

CUPONES DE SERVICIO

¿Cómo funcionan estos cupones de servicio? Tú que tienes este libro en tus manos, puedes recortar y regalar cualquiera de estos cupones a la persona que consideres conveniente, para que tenga derecho a cualquiera de los servicios que se están ofreciendo. Puedes organizar grupos de trabajo o puedes hacerlo por tu propia cuenta.

CUPÓN POR UN LAVADO GRATIS
DE CARRO

Quiero mostrarte el cuidado que Dios tiene sobre ti y tus pertenencias, por eso te ofrezco un lavado gratis de carro. Solo fija el día y la hora, y te quedará como nuevo.

CUPÓN POR PASEO GRATIS
DEL PERRO

Nuestras mascotas son como parte de nuestra familia. Con este cupón, tienes derecho a un paseo gratis de tu perro o su cuidado por varias horas.

CUPÓN POR UN CORTE GRATIS DE CÉSPED

Quiero mostrarte el cuidado que Dios tiene sobre ti y sobre el lugar donde vives. Este cupón es por un corte gratis de césped. Solo fija el día y la hora. Será un privilegio servirte.

CUPÓN POR DOS SEMANAS GRATIS DE TUTORÍA

Este cupón es por un servicio de tutoría ya sea para ti o para tu hijo(a) en el área donde más consideres que haya necesidad. Estas áreas pueden ser: inglés, matemáticas, física, música, etc.

CUPÓN POR CUIDADO GRATIS DE NIÑOS POR UNA NOCHE

Quieres distraerte de los quehaceres cotidianos por una noche. Te ofrezco un servicio de niñera(o) gratis por una noche. Tú podrás estar tranquilo porque estarán en muy buenas manos, mientras tú disfrutas de una velada libre de preocupaciones.

CUPÓN POR PINTAR GRATIS LA CASA

Este cupón vale para ayudar a pintar tu casa, la de tu vecino, amigos o familiares.
Solo fijemos el día, la hora y la casa que deseas ver como nueva y organizaremos un equipo de trabajo.

UN PROYECTO FINAL
EL MODELO: ANTES/
DURANTE/DESPUÉS

Mientras revisaba varios libros y referencias, un gran amigo me hizo llegar este valioso material que contiene un modelo con el potencial de convertirse en lo que yo llamo un proyecto de vida o plan personal de acción. En su libro *Deep Justice Journeys* [Viajes profundos de justicia], Kara E. Powell nos muestra con gran entusiasmo su modelo «Antes/Durante/Después»,[8] que no es más que un esfuerzo por ayudarnos a entender cómo movilizarnos de un simple viaje misionero a una vida misional plena en cada aspecto de nuestra vida; convertirlo en más que una experiencia momentánea y que se convierta en un estilo de vida.

El modelo propuesto por Powell es el que se describe a continuación:

El Modelo Antes/Durante/Después

Antes	Durante	Después
1. Enmarcado	2A. Experiencia inicial	3. Interrogantes iniciales
Apoyo	Retroalimentación	
	2B. Reflexión	4. Transformación en curso

Definamos qué significan estas flechas en tu viaje de justicia diaria y el libro que tienes en tus manos. Sea cual sea el proyecto que hayas escogido, o si se adapta a lo que necesitas hacer y poner en marcha, hay que tener en cuenta lo siguiente:

Paso 1.
Antes: Enmarcado

Un servicio de éxito empieza cuando enmarcas o defines algo alucinante y otras veces experiencias menores que te esperan. Prepararse para una experiencia misionera requiere más que simplemente recaudar fondos, aprenderse un drama o decidir qué empacar. Este libro te prepara emocionalmente, mentalmente y espiritualmente para lo que tienes por delante.

Paso 2.
Durante: Experiencia y reflexión

Durante tus viajes de justicia, tú y tus amigos se encontrarán en situaciones y actividades que te exigirán un doble esfuerzo. Tal vez desarrollarás los músculos de nuevas habilidades en lugares desconocidos, o tal vez tu grupo esté cansado y hambriento, y el punto que los mantenía unidos se empiece a separar. Este libro te permite detenerte de vez en cuando a recobrar el aliento (tal vez cada hora o cada día) y hacer preguntas que ayuden a descifrar el significado oculto detrás de todos tus pensamientos y sentimientos.

Detente, respira, reflexiona y continúa. Estás creciendo.

Paso 3.
Después: Interrogantes iniciales

Al final de tu viaje, cuando el grupo y tu mente se encuentran camino a casa, comienzan los interrogantes en cuanto a tu viaje. Tal vez sucede en el último día mientras te relajas. O tal vez después de visitar un orfanato tomando una taza de café con tus amigos. De cualquier manera, empieza el tiempo de empezar a pensar acerca del trabajo aun más duro para cambios a largo plazo.

Paso 4.
Después: Transformación en curso

El paso final de la transformación en curso te ayuda a pasar de la «emoción del servicio» a vivir en la justicia del reino en medio de los altibajos del día a día. Este libro te ayudará a unir los puntos entre el almorzar con un vagabundo en Detroit y almorzar con un chico nuevo en la cafetería de la escuela un mes después.

A través de todo: Apoyo y retroalimentación

Esperamos que estés caminando en este proyecto de vida con un grupo de amigos y adultos, pero además de tu equipo puedes buscar apoyo y retroalimentación por parte de tu congregación o la agencia misionera con la que estés trabajando, y también de la gente local que te esté acogiendo.

En todo caso puedes buscar una agencia u ONG que se adapte a tus necesidades o a tu llamado.

ANEXO I

UN PORTAL A LA AVENTURA Y AL APOYO SOCIAL

ORGANIZACIONES

1. Pobreza

Beyond Borders
P.O. Box 2132
Norristown, PA 19404
Teléfono: 866-424-8403
Correo electrónico:mail@beyondborders.net
www.beyondborders.net

Harambee Family Christian Center
c/o Harambee Ministries
1609 Navarro Ave
Pasadena, CA 91103
Teléfono: 626-798-7431
Fax: 626-798-1865
www.harambee.org

Bread for the World Institute
(Pan para el Mundo)
425 3rd Street, SW, Suite 1200
Washington, DC 20024
Teléfono: 202-639-9400
Teléfono sin cargo: 1-800-82BREAD
Fax: 202-639-9401
Correo electrónico: bread@bread.org
www.bread.org/about-us/institute

Jubilee USA Network
222 East Capitol Street, NE
Washington, DC 20003
Teléfono: 202-783-3566
Fax: 202-546-4468
Correo electrónico: coord.@j2000usa.org
www.jubileeusa.org

New York City Coalition
Against Hunger
16 Beaver St. 3rd. Floor
New York, NY 10004
Teléfono: 212-825-0028
Fax: 212-825-0267
Correo electrónico: info@nyccah.org
www.nyccah.org

Target Earth International
P.O. Box: 10777
Tempe, AZ 85284
Teléfono: 610-909-9740
Fax: 443-284-2399
Correo electrónico: info@targetearth.org
www.targetearth.org

World Concern
19303 Fremont Avenue North
Seattle, WA 98133
Teléfono: 206-546-7201
Teléfono sin cargo: 1-800-755-5022
Fax: 206-546-7269
Correo electrónico: info@worldconcern.org
www.worldconcern.org

World Relief
7 East Baltimore Street
Baltimore, MD 21202
Teléfono: 443-451-1900
Correo electrónico: worldrelief@wr.org
www.wr.org

World Vision
United States Headquarters
P.O. Box 9716
Federal Way, WA 98063-9716
Teléfono: 888-511-6548
Fax: 253-815-1000
www.worldvision.org

---

2. Evangelización

Big Brothers and Big Sisters
230 North 13th Street
Philadelfia, PA 19107
Teléfono: 215-567-7000
Fax: (215) 567-0394
www.bbbs.org

Bridge Builders
P.O. Box 76299
St. Petersburg, FL 33734
Teléfono: 727-551-9060
Fax: 727-551-9073
www.bridgebuilders.org

Discover the World
3255 E. Orange Grove Blvd.
Pasadena, CA 91107
Teléfono: 626-577-9502
Fax: 626-796-4447
www.discovertheworld.org

Frontiers
P.O. Box 31690
Mesa, AZ 85275-1690
Teléfono: 480-834-1500
Teléfono sin cargo: 800-462-8436
Correo electrónico: info@frontiers.org

Gospel for Asia
1932 Walnut Plaza
Carrollton, TX 75006
Teléfono: 972-300-7777
Teléfono sin cargo: 800-946-2742
www.gfa.org

National Parent Teacher
Association (PTA)
Atención: Customer Service Department
541 North Fairbanks Court, Suite 1300
Chicago, IL 60611
Teléfono: 312-670-6782
Teléfono sin cargo: 800-307-4PTA
Fax: 312-670-6783
www.pta.org

NieuCommunities
c/o Church Resource Ministries
1240 N. Lakeview Avenue, Suite 120
Anaheim, CA 92807
Teléfono: 800-777-6658
Correo electrónico: Charlie.johnson@crmleaders.org
www.nieucommunities.org

Lions Club International
300 West 22nd Street
Oak Brook, IL
Teléfono: 630-571-5466
www.lionsclubg.org

Toastmasters International
P.O. Box 9052
Mission Viejo, CA 92690
Teléfono: 949-858-8255 or 949-835-1300
Fax: 949-858-1207
www.toastmasters.org

Youth for Christ
(Juventud para Cristo)
P.O. Box 4478

Englewood, CO 80155
Teléfono: 303-843-9000
Fax: 303-843-9002
Correo electrónico: info@yfc.com
www.yfc.net

Youth With A Mission (YWAM)
(Juventud Con Una Misión)
YWAM Campaigns
708 Main Street
Grandview, MO 64030
Teléfono: 816-795-1500
Fax: 816-795-6568
www.ywam.org

Zwemer Institute
Columbia International
University
CIU Muslim Studies
P.O. Box 3122
Columbia, SC
Teléfono: 800-777.2227
Correo electrónico: muslimstudies@ciu.edu
www.ciu.edu/muslimstudies

3. El medio ambiente

Adbusters
1243 West 7th Avenue
Vancouver, BC
V6H 187 Canada
Teléfono: 604-736-9401
Fax: 604-737-6021
www.adbusters.org

Earth day Network
1616 P Street NW, Suite 340
Washington, DC 20036
Teléfono: 202-518-0044

Fax: 2020-518-8794
www.earthday.net

Eden Conservancy
(Jaguar Creek Conservancy Center)
P.O. Box 446
Belmopán, Belice
América Central
Teléfono: 011-501-820-2034
Correo electrónico: jaguarcreek@adl.com
www.jaguarcreek.org

Environmental Defense Fund
257 Park Avenue South
New York, NY 10010
Teléfono: 212-505-2100
Fax: 212-505-2375
www.enviromentaldefense,org

National Wildlife Federation
11100 Wildlife Centrer Drive
Reston, VA 20190
Teléfono sin cargo: 1-800-822-9919
www.nwf.org

New American Dream
6930 Carroll Avenue, Suite 900
Takoma Park, MD20912
Teléfono: 877-68-DREAM or 301-891-3683
Correo electrónico: newdram@newdream.org
www.newdream.org

Try Veg
P.O. Box 9773
Washington, DC 20016
Teléfono: 301-891-2458
Correo electrónico: info@cok.net
www.tryveg.com

People for the Ethical
Treatment of Animals (PETA)
501 Front Street
Norfolk, VA 23510
Teléfono: 757-622-PETA
Fax: 757-622-0457
Correo electrónico: info@peta.org
www.peta.org
www.goveg.com

World Conservation Union
(Unión Mundial para la Naturaleza)
Rue Mauverney 28
Gland 1196
Switzerland
Teléfono: 41-22-999-0000
Fax: 41-22-999-0002
www.iucn.org

World Wildlife Fund
Sede en Estados Unidos
1250 Twenty-Fourth Street, N.W.
P.O. Box 97180
Washington DC 20090
Teléfono: 202-293-4800
www.worldwildlife.org

Yellow Bike Coalition
210 East 10th Street
St. Paul, MN 55101
Teléfono: 651-222-2080
Correo electrónico: ybc@yellowbikes.org

4. Los Presos

20/20 Vision
8403 Colesville Road, Suite 860
Silver Spring, MD 20910
Teléfono: 301-587-1762

Fax: 301-587-1848
Correo electrónico: visión@2020vision.org
www.2020vision.org

Amnistía Internacional
5 Penn Plaza, 14th floor
New York, NY 10001
Teléfono: 212-807-8400
Fax: 212-463-9193
Correo electrónico: admin-us@aiusa.org
www.amnistiainternacional.org

Angel Tree Ministries
Prison Fellowship
44180 Riverside Parkway
Lansdowne, VA 20176
Teléfono sin cargo: 800-552-6435
Fax: 703-554-8650
www.angeltree.org

Human Rights Watch
100 Bush Street, Suite 1812
San Francisco, CA 94104
Teléfono: 415- 362-3255
Fax: 415-362-3255
Correo electrónico: hrwsf@hrw.org
En ingles: www.hrw.org
En español: www.hrw.org/spanish

International Center for Prison Studies
3rd Floor, 26-29 Drury Lane
London, England WC2B 5RL
Teléfono: 44-0-20-7848-1922
Fax: 44-0-20-7848-1901

Correo electrónico: icps@kcl.ac.uk
www.prisonstudies.org

International Network of Prison Ministries
P.O. Box 4200
Sanford, FL 32772
Fax: 407-323-4336
www.prisonministy.net

Prison Fellowship Ministries
44180 Riverside Parkway
Lansdowne, VA 20176
Teléfono sin cargo: 800-552-6435
Fax: 703-554-8650
www.prisonfellowship.org

Prisoner Pen Pal Program
P.O. Box 2205
Ashburn, VA 20146-2205
Teléfono sin cargo: 800-497-0122
www.prisonfellowship.org

5. Los oprimidos

The Clothesline Project
c/o Carol Chichetto
P.O. Box 654
Brewster, MA 02631
Correo electrónico: ClotheslineProject@verizon.net
www.clotheslineproject.org

Naciones Unidas
Oficinas principales
First Avenue at 46th Street
New York, NY 10017

Correo electrónico: inquiries@un.org
www.un.org

Coalition for International Justice
National Press Building
529 14th St, NW, Suite 1187
Washington, DC 20045
Teléfono: 202-483-9234
Fax: 202-483-9263
Correo electrónico: coalition@cij.org
www.cij.org

Darfur Genocide
c/o Red Publica
Darfur Advocacy Project
25 Washington Street, 4th floor
New York, NY 11201
Correo electrónico: information@darfuregenocide.org
www.darfurgenocide.org

New Paltz Oracle
The State University of New York
At New Paltz
SUB 417
1 Hawk Drive
New Paltz, NY 12561
Teléfono: 845-257-3031
Fax: 845-257-3031
Correo electrónico: Oracle@newpaltz.edu
www.newpaltz.edu/oracle

Habitat for Humanity International
Partner Service Center
121 Habitat Street
Americus, GA 31709-3498
Teléfono: 229-924-6935
ext. 2551 or 2552
Correo electrónico: publicinfo@habitat.org
www.habitat.org

Human Rights Watch
350 Fifth Avenue, 34th floor
New York, NY 10118-3299
Teléfono: 212-290-4700
Fax: 212-736-1300
Correo electrónico:hrwnyc@hrw.org
www.hrw.org

Human Trafficking.org
c/o Andrea Bertone, Director
Academy for Educational Development
Washington, DC
Teléfono: 202-884-8916

Correo electrónico: director@humantrafficking.org
www.Humantrafficking.org

Save Darfur Coalition
2120 L Street NW, Suite 600
Washington, DC 20037
Teléfono: 202-478-6311
Fax: 202-478-6196
Correo electrónico: info@savedarfur.org
www.savedarfur.org

Women in Black
P.O. Box 20554
New York, NY 10021
Teléfono: 212-560-0905
Correo electrónico: 074182@newschool.edu
www.womeninblack.org
www.womeninblack.net

Take Back the Night
info@takebackthenight.org
www.takebackthenight.org

6. Los ancianos

American Association of Retired Persons
601 Street NW
Washington, DC 20049
Teléfono sin cargo: 1-888-687-2277
www.aarp.org

National Association or Area Agencies on Aging
1730 Rhode Island Avenue NW,
Suite 1200
Washington, DC 20036
Teléfono: 202-872-0888
Fax: 202-872-0057
www.n4a.org

National Meals on Wheels
203 South Union Street
Alexandria, VA 22314
Teléfono: 703-548-5558
Fax: 703-548-8024
www.mowaa.org

United Way of America
701 N. Fairfax Street
Alexandria, VA 22314
www.national.unitedway.org

---

7. Los enfermos y discapacitados

Bill & Melinda Gates Foundation
P.O. Box 23350
Seattle, WA 98102
Teléfono: 206-709-3100
Correo electrónico: info@gatesfoundation.org
www.gatesfoundation.org

Career Opportunities for Students with Disabilities
100 Dunford Hall
Knoxville, TN 37996
Teléfono: 865-974-7148
Fax: 865-974-6497
Correo electrónico: info@cosdonline.org
www. cosdonline.org

DATA
1400 Eye Street NW, Suite 1125
Washington, DC 20005
Teléfono: 202-639-8010
www.data.org

Health Ministries
Association, Inc.
295 West Crossville Road, Suite 130
Roswell, GA 30075
Teléfono: 770-640-9955

Fax: 770-640-1095
www.hmassoc.org

Joni y sus amigos
P.O. Box 3333
Agoura Hills, CA 91301
Teléfono: 800-523-5777
www.joniandfriends.org

L´Arche USA
P.O. Box5034
Bradford, MA 01835
Teléfono: 978-374-6928
Correo electrónico: office@larcheirenicon.org
www.larcheirenicon.org

National AIDS Trust
(World Aids Day)
New City Cloisters
196 Old Street
London, EC1V 9FR
England
Teléfono: (44) 020-7814-6767
Fax: (44) 020-7216-0111
Correo electrónico: info@nat.org.uk
www.worldaidsday.org

Nelson Mandela Foundation
Private Bag X 70 000
Houghton 2041
South Africa
Teléfono: (27) 11-728-1000
Fax: (27) 11-728-1111
Correo electrónico: nmf@nelsonmandela.org
www.nelsonmandela.org

Nurses Christian Fellowship
P.O. Box 7895
Madison, WI 53707
Teléfono: 608-443-3722
Correo electrónico: ncf@interintervarsity.org
ncf.intervarsity.org

Postulation of Mother Teresa
2498 Roll Drive PMB 733
San Diego, CA 92154
Teléfono: 664-621-3763
Correo electrónico: post@motherteresacause.info
www.motherteresacause.info

Treatment Action Campaign
34 Main Road
Muizenberg 7945
South Africa
Teléfono: (27) 21-788-3507
Fax: (27) 21-788-3726
Correo electrónico: info@tac.org.za
www.tac.org.za

ONUSIDA
UNADIS Secretariat
20 Avenue Appia
CH-1211 Ginebra 27
Switzerland
Teléfono: (41) 22-791-3666
Fax: (41) 22-791-4187
Correo electrónico: unaids@unaids.org
www.unaids.org

William J. Clinton Foundation
55 West 125th Street
Nueva York, NY 10027
www.clintonfoundation.org

United States Access Board
1331 F Street, NW, Suite 1000
Washington, DC 20004-1111
Teléfono: 202-272-00800
Teléfono sin cargo: 800-872-2253
Fax: 202-272-0081
Correo electrónico: info@access-board.gov
www.access-board.gov

United States Government
Disability Info
Teléfono: 800-333-4636
Correo electrónico: disabilityinfo@dol.gov
www.disabilityinfo.gov

---

8. Los inmigrantes

BorderLinks
620 South Sixth Avenue
Tucson, AZ 85701
Teléfono: 520-628-8263
Fax: 520-740-0242
Correo electrónico: caryn@borderlinks.org
www.borderlinks.org

Catholic Relief Services
P.O. Box 17090
Baltimore, MD 21203
Teléfono: 410-625-2220
www.crs.org

Centers for Disease Control and Prevention
1600 Clifton Road
Atlanta, GA 30333
Teléfono: 404-639-3534
Teléfono sin cargo: 800-311-3435
www.cdc.gov

Humane Borders
First Christian Church
740 East Speedway Blvd.
Tucson, AZ 85719
Teléfono: 520-628-7753
Correo electrónico: humaneborders@gainusa.com
www.humanborders.org

International Students, Inc.
P.O. Box C
Colorado Springs, CO 80901
Teléfono sin cargo: 800-ISI-Team
www.isionline.org

Migration Policy Institute
1400 16th Street NW, Suite 300
Washington, DC 20036
Teléfono: 202-266-1940
Fax: 202-266-1900
www.migrationinformation.org

U.S. Citizenship and Immigration Service
20 Massachusetts Avenue NW
Washington, DC 20529
Teléfono sin cargo: 800-375-5283
www.uscis.gov

U.S. Committee for Refugees and Immigrants
1717 Massachusetts Avenue NW,
Suite 200
Washington, DC 20036
Teléfono: 202-347-3507
Fax: 202-347-3418
www.refugees.org

9. El mundo

Buy Nothing Day
Correo electrónico: xymyl@nothing.net
www.buynothingday.org

Christian Resource Ministries
1240 N. Lakeview Ave. Suite 120
Anaheim, CA 92807
Teléfono sin cargo: 800-777-6658
Teléfono: 714-779-0370
Fax: 714-779-0189

Correo electrónico: crm@crmleaders.org
www.crmleaders.org

Doctors Without Borders
(Médicos Sin Fronteras)
333 7th Avenue, 2nd Floor
New York, NY 10001
Teléfono: 212-679-6800
Fax: 212-679-7016
www.doctorswithoutborders.org
www.msf.es

Engineers Without Borders
(Ingeniería sin Fronteras)
1880 Industrial Circle, Suite B3
Longmont, CO 80501
Teléfono: 303-772-2723
Fax: 303-772-2699
www.ewb-usa.org
www.ewb-international.org

Intent
615 California Ave.
South Bend, IN 46616
www.intent.org

Comité Internacional de la Cruz Roja
1100 Connecticut Avenue NW,
Suite 500
Washington, DC 20036
Teléfono: 202-587-4600
Fax: 202-587-4696
Correo electrónico: Washington.was@icrc.org
www.icrc.org

Reporters Without Borders
(Reporteros Sin Fronteras)
5 Rue Geoffroy-Marie
75009 París, France
Teléfono: (33) 1-44-83-8484
Fax: (33) 1-45-23-1151

Correo electrónico: rsf@rsf.org
www.rsf.org

South Africa Community Fund
P.O. Box 10777
Tempe, AZ 85284
Correo electrónico: southafricafund@aol.com
www.southafricacommunityfund.org

Truth and Reconciliation
Private Bag X81
Pretoria 0001
South Africa
Teléfono: (012) 315-1111
Fax: (012) 357-1112
www.doj.gov.za

World Water Council
Espace Gaymard
2-4 Place d'Arvieux
13002 Marseille
France
Teléfono: (33) 4-91-99-4100
Fax: (012) 357-1112
www.doj.gov.za

World Water Forum
Insurgentes Sur #2416 4th piso, ala sur
México D.F. Del. Coyoacán
Col. Copilco el Bajo CP 04340
México
Correo electrónico: feedback@worldwaterforum4.org.mx
www.worldwaterforum.org

10. En acción

Arizona State University
Alternative Spring Break
c/o ASU for Arizona:
Building Great Communities

Mail Code 1608
541 East Van Buren Street, Suite
B-5
Phoenix, AZ 85004
Teléfono: 480-727-5060
Correo electrónico: altsb@asu.edu
www.asu.edu/altspringbreak

Christian Community
Development Association
3555 W. Ogden Avenue
Chicago, IL 60623
Teléfono: 773-762-0994
Fax: 773-346-0071
Correo electrónico: info@ccda.org
www.ccda.org

Christian Peacemaker Teams
P.O. Box 6508
Chicago, IL 60680
Teléfono: 773-277-0253
Fax: 773-277-0291
Correo electrónico: peacemakers@cpt.org
www.cpt.org

National Right to Life Committee
512 10th Street NW
Washington, DC 20004
Teléfono: 202-626-8800
Correo electrónico: nrlc@nrlc.org
www.nrlc.org

Raging Grannies
Correo electrónico:info@RagingGrannies.com
www.raginggrannies.com

Witness
80 Hanson Place, 5th Floor
Brooklyn, NY 112217
Teléfono: 718-783-2000
Fax: 718-783-1593
www.witness.org

ANEXO II

COMERCIALIZA TUS IDEAS Y HAZTE ESCUCHAR

Es importante que en nuestro proceso de querer cambiar el mundo seamos efectivos en comunicar nuestras ideas, proyectos y reportes, con el fin de presentar resultados que inspiren a otros a involucrarse en el trabajo que proponemos.

Hay muchos recursos que podemos promover para comercializar nuestras ideas, hacernos escuchar, ser una voz en medio de la necesidad, compartir con otros nuestra visión y reclutar voluntarios.

A continuación hay algunas ideas:

Revistas y periódicos

Conferencias informativas y formativas

Vídeos

Películas

Libros

Redes sociales pro-VIDA – (Facebook, Twitter, Blogs, web, etc.)

Hay muchos libros que puedes encontrar para apoyarte en el trabajo efectivo con tus jóvenes. Busca especialidadesjuveniles.com

---

Crea radios comunitarias para informar, educar y crear oportunidades en tu comunidad.

Crea un blog para informar de las necesidades de tu comunidad.

Procura invitaciones con propuestas sociales y ve a los medios de comunicación de tu país.

Graba vídeos con la necesidad de tu comunidad y súbelos a los canales de Internet.

ANEXO III

MODELOS DE INSPIRACIÓN

Discurso de la Madre Teresa de Calcuta en el Desayuno Nacional de Oración, Washington DC, 3 de febrero de 1994

Por favor, ¡no matéis a los niños! Yo los quiero

Creo que el mayor destructor de la paz hoy en día es el aborto [...] en realidad es una guerra en contra del niño, el asesinato directo del niño inocente, el asesinato de la madre en contra de sí misma. Y si nosotros aceptamos que una madre asesine a su propio hijo, ¿cómo entonces podemos decirle a otros que no se maten entre sí? ¿Cómo podemos convencer a una mujer de que no aborte? Como en todo, debemos persuadirla con amor y recordarnos que amar significa dar hasta que duela. Jesús dio hasta su vida por amarnos. Así es que, la madre que esté pensando en abortar debe ser ayudada a amar, o sea dar hasta que le duelan sus planes, o su tiempo libre, para que respete la vida de su hijo; porque el hijo es el regalo más grande que Dios le da a la familia, porque hemos sido creados para amar y ser amados. El padre de ese niño, quien quiera que sea, debe dar también hasta que le duela. Con el aborto, la madre no aprende a amar, sino a matar hasta a su propio hijo para resolver sus problemas. Y con el aborto, al padre se le dice que no tiene que tener responsabilidad alguna por el niño que ha traído a la vida. El padre es capaz de poner a otras mujeres en la misma circunstancia. Por lo tanto el aborto solo lleva a más abortos.

Cualquier país que acepte el aborto no le enseña a su gente a amar, sino a utilizar la violencia para recibir lo que quieran. Es por esto que el mayor destructor del amor y de la paz es el aborto. [...]

Algo hermoso que Dios está haciendo en nuestra congregación es que luchamos contra el aborto con la adopción. Nuestra casa en Calcuta ha dado más de tres mil niños en adopción. Estos niños han traído tanto amor, gozo y paz a esas familias. Recuerdo que uno de los pequeños se puso muy enfermo, así que mandé llamar al padre y a la madre y les dije: «Por favor, devuélvanme al niño enfermo y yo les daré uno que esté sano. El padre me miró y me dijo: «Madre Teresa, primero quíteme la vida y luego quédese con el niño». Es tan hermoso ver el amor y el gozo tan grande que ese pequeño ha llevado a esa familia... Oren por nosotras para que podamos continuar con este regalo precioso. Cualquiera que no quiera al niño, por favor, démelo a mí, yo quiero a ese niño.

Como ya les he dicho, es hermoso poder detener el aborto mediante la adopción. Cuidando a la madre y adoptando al niño hemos salvado miles de vidas. Les hemos comunicado a las clínicas, a los hospitales y a las estaciones de policía: «Por favor, no destruyan a los niños; nosotras nos encargaremos de ellos». Así es que siempre tenemos a alguien que le dice a las madres en problemas: «Ven, nosotras te cuidaremos, le conseguiremos un hogar a tu hijo». Y tenemos una gran demanda de parejas que no pueden tener hijos, pero nunca le daré un hijo a una pareja que haya hecho algo para no tener a un hijo. Jesús dijo: «Quienquiera que reciba a este niño en mi nombre, a mí me recibe». Al adoptar a un niño, estas parejas reciben a Jesús, pero al abortar a un niño, la pareja rechaza a Jesús.

Por favor, no asesinen a los niños. Yo quiero a los niños. Por favor entréguenme los niños. Yo estoy dispuesta a aceptar a cualquier niño que hayan querido abortar y se lo entregaré a una pareja casada que lo amará y serán amados por ese niño. Yo sé que las parejas deben planificar sus familias pero para eso hay planificación familiar natural.

La manera de planificar las familias es por medios naturales, no por medios anticonceptivos. Al destruir el poder de dar vida, o amar, por medio de la anticoncepción, la pareja se hace daño a sí misma. Esto dirige su atención a sí mismos y destruye el regalo de amarse el uno al otro. Al amarse el uno al otro, la atención está en el amor del uno para el otro. Al amarse, la pareja se da atención el uno al otro y esto es lo que sucede con la planificación familiar natural, y no hacia sí mismos como sucede egoístamente con la anticoncepción. Una vez el amor viviente es destruido por la anticoncepción, el aborto le prosigue fácilmente como el paso a seguir. Por eso es que yo nunca le doy un niño a una familia que ha usado métodos anticonceptivos, porque la madre ha destruido el poder de amar. ¿Cómo va a amar a mi niño?

Yo sé que hay grandes problemas en el mundo, que muchas parejas no se aman lo suficiente para utilizar planificación familiar natural. No podemos resolver todos los problemas del mundo, pero no permitan traer el peor problema de todos, y ese es destruir el amor, destruir la vida.

Hay muchos pobres en el mundo. Ellos nos pueden enseñar muchas cosas bellas. Una vez, una de ellas vino a agradecerme por enseñarle planificación familiar natural y dijo: «Ustedes que practican castidad, son los mejores en enseñarnos planificación familiar natural, porque no es nada más que dominio propio por amor el uno por el otro». Y lo que esta persona pobre dijo es muy cierto. La gente pobre pueda que no tengan nada que comer, tal vez no tengan un hogar donde vivir, pero son personas grandiosas y muy ricas espiritualmente, porque se aman el uno al otro como Cristo nos ha amado.

Cuando recojo a una persona hambrienta de la calle, yo le doy un plato de arroz y un pedazo de pan. Pero una persona que está sola, se siente rechazada, como que nadie la ama, atemorizada, esa persona que ha sido rechazada por la sociedad. El aborto, el cual prosigue a la anticoncepción, lleva a la gente a ser espiritualmente pobre, y esa es la peor pobreza y la más difícil de vencer.

Los que son materialmente pobres pueden ser gente maravillosa. Una tarde fuimos a recoger cuatro personas de la calle. Una de ellas estaba en una condición horrible. Yo les dije a las Hermanas: «Ustedes encárguense de las otras tres; yo me encargaré de la que se ve peor». Así es que hice todo lo que mi amor pudo hacer por ella. La acosté en una cama y ella tenía una bellísima sonrisa en su rostro. Ella me tomó de la mano, y dijo una sola palabra: «gracias», y luego murió.

No pude hacer nada más que examinar mi conciencia ante ella, y me pregunté: «¿Qué habría hecho yo en su lugar?». Mi respuesta fue sencilla. Yo hubiese tratado de atraer atención. Hubiera dicho: «Tengo hambre, me muero, tengo frío, estoy en dolor» o algo. Pero ella me dio mucho más, ella me dio su gran amor. Y murió con una sonrisa en su rostro. También había un hombre que recogimos de los alcantarillados, medio comido por los gusanos y, después que lo trajimos a la casa, él solo dijo: «He vivido como un animal en la calle, pero voy a morir como un ángel, amado y cuidado». Luego, después que le quitamos los gusanos del cuerpo, todo lo que dijo, con una gran sonrisa fue: «Hermana, me voy a casa con Dios», y luego murió. Fue tan maravilloso ver la grandeza de ese hombre que podía hablar así, sin culpar a nadie, sin comparar nada. Como un ángel. Esta es la grandeza de la gente que son espiritualmente ricos aunque sean materialmente pobres. No somos trabajadoras sociales. Podremos hacer trabajo social a los ojos de algunas personas, pero nosotras debemos ser contemplativas en el corazón del mundo, porque tocamos el cuerpo de Cristo y estamos siempre en su presencia. Ustedes también deben traer la presencia de Dios a sus familias, porque la familia que ora unida, se mantiene unida.

Hay demasiado odio, demasiada miseria, y con nuestras oraciones, con nuestros sacrificios comenzamos desde el hogar. El amor comienza en casa, y no es cuánto hacemos, sino cuánto amor ponemos en lo que hacemos. Si somos contemplativas en el corazón del mundo con todos los problemas, estos nunca nos podrán desanimar. Debemos recordar siempre que Dios nos dice en las Escrituras: «Aunque una madre olvidase a su hijo en su vientre, algo imposible, pero si ella lo llegara a olvidar, yo nunca te olvidaría». Y por eso me encuentro aquí dirigiéndome a ustedes. Quiero encontrar a los pobres aquí, primeramente en sus propios hogares, y comenzar a amar ahí. Sean portadores de buenas noticias a su familia primero, y luego a sus vecinos. ¿Los conocen? Yo tuve una gran experiencia de amor al prójimo con una familia hindú. Un hombre vino a nuestro hogar y dijo: «Madre Teresa, hay una familia que no ha comido por mucho tiempo. Haga algo». Así es que tomé algo de arroz y fui inmediatamente. Y vi a los niños, sus ojos brillaban de hambre. No sé si alguna vez han visto hambre. Yo sí, y con mucha frecuencia. Y la Madre de la familia tomó el arroz que les di y fue afuera. Cuando regresó, le pregunté: «¿Adónde fue? ¿Qué fue lo que hizo?». Y me dio una respuesta muy sencilla: «Ellos también tienen hambre». Lo que me impactó fue que ella sabía eso, y también quiénes eran ellos: una familia de musulmanes. Ella sabía que tenían hambre. No traje más arroz esa tarde porque quería que ellos, hindúes y musulmanes, disfrutaran del gozo de amarse. Y los niños irradiaban gozo, compartiendo el gozo y la paz con su madre porque ella supo amar hasta que le dolió. Y ven que ahí es donde comienza, en casa, con la familia.

Así es que, como lo demuestra esta familia, Dios nunca nos olvida y siempre hay algo que ustedes y yo podemos hacer. Podemos mantener el gozo de amar a Jesús en nuestros corazones, y compartir ese gozo con todos los que entremos en contacto. Tomemos una determinación, que ningún niño sea rechazado o que no sea amado, o que no se preocupen por él o que no lo asesinen y lo tiren a la basura. Y den hasta que duela, con una sonrisa.

Como saben, tenemos varias casas aquí en Estados Unidos en las que la gente necesita amor tierno y cuidado.

Compartir es un gozo, vengan y compartan. Tenemos jóvenes que sufren por el SIDA, ellos necesitan amor tierno y cuidado. [...]

Ya que hablo mucho de dar con una sonrisa, una vez un profesor de los Estados Unidos me preguntó: «¿Está casada?» y le dije: «Sí, y a veces encuentro muy difícil darle una sonrisa a mi esposo, Jesús, porque a veces puede llegar a ser bastante exigente». Esto es verdaderamente cierto. Y de ahí es de donde sale el amor, cuando es exigente y todavía podemos darlo con gozo.

Una de las cosas más exigentes para mí es viajar a cualquier lado, y con publicidad. Yo le dije a Jesús que si no voy al cielo por cualquier otra cosa, que iré al cielo por lo menos por todos los viajes que hago, con toda esa publicidad. Eso me ha purificado y me ha sacrificado, y en verdad me ha preparado para ir al cielo. Si recordamos que Dios nos ama, y que podemos amar a otros así como él nos ama, entonces América puede llegar a ser una señal de paz para el mundo.

Desde aquí, un aviso para cuidar a los más débiles, a los no nacidos, debe salir hacia el mundo. Si ustedes se convierten en un faro ardiente de justicia y paz en el mundo, entonces verdaderamente serán fieles a lo que los fundadores de este país representaban.

(C-S SPAN2 TODAY www.mothertheresa.org)

Discurso de Bono (U2) en el Desayuno Nacional de Oración, Washington DC, 2 de febrero de 2006

Si se están preguntando qué estoy haciendo aquí, en un Desayuno de Oración, a mí me pasa lo mismo. Es verdad que no estoy aquí como un hombre de túnica, salvo si esa túnica es de cuero. Seguro que no es porque soy una estrella del rock. Lo que solamente nos deja una explicación posible: estoy aquí porque tengo un complejo mesiánico.

Es cierto, y para cualquiera que me conozca, no le sonará raro.

Soy el primero en admitir que existe algo poco natural, algo extraño, sobre las estrellas de rock tomando los púlpitos y predicando a presidentes para luego desaparecer en sus mansiones del sur de Francia. Nada más fuera de lugar. Ya fue muy raro cuando Jesse Helms apareció en un concierto de U2, pero esto es realmente extraño, ¿verdad? Saben, una de las cosas que me encantan de este país es su separación de iglesia y el estado. Aunque tengo que decirles que al invitarme aquí, tanto la iglesia como el estado se han separado de otra cosa completamente: de su juicio. Sr. Presidente,

¿Está seguro de esto?

Me hace sentir muy humilde estar ante ustedes e intentaré que sea una homilía breve. Pero les advierto: Soy irlandés.

Me gustaría hablar sobre las leyes de los hombres, aquí en la ciudad donde se escriben las leyes. Y me encantaría hablar sobre las leyes supremas. Sería genial asumir que unas sirven a las otras, y que las leyes de los hombres sirven a las leyes supremas, pero por supuesto no es ese el caso siempre. Y supongo que, en un sentido, eso es por lo que están aquí. Supongo que la razón de esta reunión es que todos los que estamos aquí —musulmanes, judíos, cristianos— estamos buscando en nuestras almas para saber cómo servir mejor a nuestras familias, a nuestras comunidades, a nuestras naciones, a nuestro Dios...

Yo sé que lo estoy haciendo. Buscando. Supongo. Y supongo que es lo que también a mí me ha traído aquí. Sí, es raro tener a una estrella de rock aquí. Pero quizás es más raro para mí que para ustedes. Les contaré, yo he evitado a la gente religiosa la mayor parte de mi vida. Puede que eso tuviera algo que ver con tener un padre protestante y una madre católica en un país en el que la línea divisoria entre ambas confesiones era, bastante literalmente, un frente de guerra. Donde la línea divisoria entre iglesia y estado era un poco borrosa, y difícil de ver. Recuerdo cómo mi madre nos llevaba a la iglesia los domingos... y mi padre solía quedarse esperándonos fuera. Una de las cosas que percibí de mi padre y mi madre fue la sensación de que la religión a menudo se interpone en el camino hacia Dios. Para mí, por lo menos, se interpuso. Ver lo que la gente religiosa había hecho, en el nombre de Dios, en mi tierra natal, y en este país, ver a los vendedores de coches usados de Dios en los canales por cable, ofreciendo indulgencias por dinero en metálico... de hecho, por todo el mundo, ver cómo la autocomplacencia corría como un torrente poderoso desde algunos sectores de los círculos religiosos... Debo confesar: Cambié de canal. Quería ver la MTV. Quizás a pesar de ser creyente. Quizás porque era creyente. Era un cínico, no con Dios, sino con la política de Dios (¿lo ves, Jim?)

Entonces, en 1997, un par de excéntricos septuagenarios británicos cristianos fueron y arruinaron mi truco: mis reproches. Lo hicieron describiendo el milenio, el año 2000, como un año de Jubileo, como una oportunidad para cancelar las deudas crónicas de la gente más pobre del mundo. Tuvieron la audacia de renovar el llamamiento del Señor, y el papa Juan Pablo II se les unió, alguien que para un irlandés medio católico como yo, podía tener una línea más directa con el Todopoderoso. Se unieron para declarar el año de Jubileo. ¿Por qué Jubileo? ¿Qué era este año de Jubileo, este año del favor del Señor? Siempre había leído las Escrituras, incluso el material más oscuro. Allí estaba, en Levítico (25.35): «Si alguno de tus compatriotas se empobrece y no tiene cómo sostenerse, ayúdale como lo harías con el extranjero o con el residente transitorio; así podrá seguir viviendo entre ustedes. No le exigirás interés cuando le prestes dinero o víveres».

Es una idea tan importante, el Jubileo, que Jesús empezó su ministerio con esto. Jesús es un joven, se ha encontrado con los rabinos, ha impresionado a todos, la gente está hablando de él. Los ancianos dicen que es un tipo listo, este Jesús, pero no ha hecho mucho... aún. Nunca había hablado en público antes.... Cuando lo hace, sus primeras palabras son de Isaías: «El Espíritu del Señor está sobre mí», dice, «por cuanto me ha ungido para anunciar buenas nuevas a los pobres». Y Jesús proclama el año del favor del Señor, el año del Jubileo. Creo que es Lucas 4 [18]. De lo que estaba hablando realmente era de una era de gracia –y aún estamos en ella.

Trasladémonos 2.000 años. La misma idea, la gracia, se encarna en un movimiento en el que participan todo tipo de personas. No era un club de santurrones, no era un grupo de beatos. Estos religiosos estaban dispuestos a salir a la calle, a ensuciarse las botas, a sacar pancartas, a seguir sus convicciones con acciones... haciendo que mantenerse a distancia fuera muy difícil para gente como yo. Fue sorprendente. Casi me empezaron a gustar estas gentes de iglesia... Pero entonces mi cinismo obtuvo ayuda extra. Fue lo que Colin Powell, un general de cinco estrellas, llamó el W.M.D. más importante de todos: un pequeño virus llamado SIDA. Y la comunidad religiosa, en su mayoría, no se enteró. Y los que se enteraron solamente lo podían ver como un castigo divino por mal comportamiento. Incluso en niños, incluso aunque el grupo de personas infectadas con HIV que más crecía eran mujeres fieles y casadas. ¡Ajá! «Aquí vamos de nuevo». Pensé para mis adentros: «¡Vuelve el fundamentalismo». Pero realmente estaba equivocado de nuevo. La iglesia fue lenta, pero se preocupó de los leprosos de nuestra época. El amor estaba en movimiento. La misericordia estaba en movimiento. Dios estaba en movimiento.

Llevando a gentes de todo tipo a trabajar con gente que no conocían, que no querían conocer... grupos de iglesias conservadoras junto a representantes de la comunidad gay, todos cantando del mismo himnario sobre el SIDA... madres de fútbol y deportistas, estrellas del hip-hop y del country. Esto es lo que pasa cuando Dios se pone en movimiento: ¡pasan locuras! ¡Se vio a un Papa llevando gafas de sol! ¡Se vio a Jesse Helms en el ghetto! Locuras.

Pruebas del mover del Espíritu. Fue increíble. Literalmente. Detuvo al mundo.

Cuando las iglesias comenzaron a manifestarse por la deuda, los gobiernos escucharon. Y actuaron. Cuando las iglesias comenzaron a organizar, pedir e incluso —el acto más profano que se puede cometer, con perdón— comenzaron a presionar sobre el SIDA y la salud global, los gobiernos escucharon y actuaron. Estoy aquí hoy con humildad para decir: cambiasteis ideas, cambiasteis políticas, cambiasteis el mundo. Así que, gracias.

Miremos el judaísmo. Miremos el Islam. Miremos prácticamente cualquiera. Quiero decir que Dios también puede estar con nosotros en nuestras mansiones de las colinas, espero. También puede que esté con nosotros en todos los temas controvertidos. Quizá o quizá no. Pero una cosa en la que todos, de distintas creencias e ideologías, estamos de acuerdo es en que Dios está con los vulnerables y los pobres. Dios está en los barrios marginales, en las cajas de cartón donde los pobres juegan a vivir. Dios está en el silencio de una madre que ha infectado a su hijo con un virus que terminará con las vidas de ambos. Dios está en los lamentos que se escuchan bajo los escombros de la guerra. Dios está en el escombro de las oportunidades y vidas perdidas, y Dios está con nosotros si nosotros estamos con ellos. «Si desechas el yugo de opresión, el dedo acusador y la lengua maliciosa, si te dedicas a ayudar a los hambrientos y a saciar la necesidad del desvalido, entonces brillará tu luz en las tinieblas, y como el mediodía será tu noche. «El Señor te guiará siempre; te saciará en tierras resecas». No es una coincidencia que en las Escrituras, la pobreza se menciona más de 2.100 veces. No es un accidente. Es mucho espacio en antena. Como saben, el único momento en el que Cristo juzga es el tema de la pobreza. «Les aseguro que todo lo que hicieron por uno de mis hermanos, aun por el más pequeño, lo hicieron por mí». Creo que eso es Mateo 25.40. ¿Ven? He hecho mi tarea. Como yo digo, buenas noticias para los pobres. Buenas noticias para el presidente. Después del 11-S, nos dijeron que América no tendría tiempo para los pobres del mundo. América se vería inmersa en sus propios problemas de seguridad. Y es cierto que estos son tiempos peligrosos, pero América no ha bajado las persianas y echado los cerrojos en las puertas. De hecho, ustedes han doblado la ayuda a África. Han triplicado los fondos para la salud mundial. Señor Presidente, su plan de emergencia para el SIDA y el apoyo a Global Fund —usted y el congreso— han conseguido poner a 700.000 personas en tratamientos antirretrovirales salvadores, y han proporcionado ocho millones de mosquiteras para proteger a los niños de la malaria. Impresionantes logros humanos. Contraintuitivos. Históricos. Deben estar muy, muy orgullosos.

Pero aquí llegan las malas noticias. Desde la beneficencia hasta la justicia, las buenas noticias todavía no han sucedido. Hay mucho más que hacer. Existe un salto gigante entre la escala de la emergencia y la escala de la respuesta. Y al final no se trata de beneficencia, ¿verdad? Se trata de justicia. Déjenme que se lo repita: No se trata de beneficencia, sino de justicia.

Y ese es el problema.

Porque ustedes son buenos con la beneficencia. Los americanos, como los irlandeses, lo hacen muy bien. Nos encanta dar, damos un montón, incluso aquellos que no se lo pueden permitir. Pero la justicia es un estándar más elevado. África hace que nuestra idea de justicia sea ridícula. Hace que nuestra idea de igualdad sea ridícula. Se mofa de nuestra piedad. Pone en duda nuestra preocupación, cuestiona nuestro compromiso. Y cada día 6.500 africanos siguen muriendo día a día de enfermedades prevenibles y tratables, debido a la falta de medicinas que podemos comprar en cualquier farmacia. No se trata de beneficencia, sino de justicia e igualdad. Porque no podemos mirar de ninguna manera lo que está pasando en África y, si somos honestos, concluir que, en realidad, realmente aceptamos que los africanos son iguales que nosotros. Lo digo con toda humildad, en presencia de un hombre que es un padre africano. Miren lo que pasó en el sureste asiático con el Tsunami. Se perdieron 150.000 vidas a ese nombre equivocado de todos los nombres equivocados, la "madre naturaleza". En África, se pierden 150.000 vidas cada mes. Un Tsunami cada mes. Y es una catástrofe completamente evitable.

Es molesto, pero la justicia y la igualdad son compañeras, ¿no? La justicia siempre quiere estar con la igualdad. Y la igualdad es algo molesto.

Es decir, piensen en los pastores judíos que fueron a ver al Faraón, con barro en sus sandalias, y el faraón dice: «¿Igualdad?» Y dicen: «Sí, igualdad, eso es lo que dice en este libro. Que todos somos hechos a la imagen de Dios». Y que de repente el faraón dice: «Vale, puedo aceptarlo. Puedo aceptar a los judíos, pero no a los negros. No a las mujeres. No a los gays. No a los irlandeses. Ni loco, tío».

Así que seguimos con nuestra búsqueda de la igualdad. Seguimos en nuestra búsqueda de justicia. Oímos ese llamamiento en la campaña ONE, un movimiento creciente de más de dos millones de americanos. La izquierda y la derecha unidas, unidas en la creencia de que donde vives no debe determinar nunca más si vives o no. Oímos la llamada incluso con más fuerza todavía hoy en día, cuando lloramos la pérdida de Coretta Scott King, madre de un movimiento de igualdad, uno que cambió el mundo, pero solamente es el comienzo. Estos temas están tan vivos ahora como antes, simplemente estaban cambiando las cosas y cruzando los mares. Impedir a los más pobres vender sus productos mientras entonamos himnos al libre Mercado... es una cuestión de justicia. Mantener a los niños cautivos de las deudas que contrajeron sus abuelos... es una cuestión de justicia. Retirar medicinas que salvan vidas por deferencia a la Oficina de Patentes... es una cuestión de justicia. Y las leyes dicen lo que dicen, pero Dios no guarda silencio sobre el tema. Y mientras que la ley es lo que nosotros decimos que es, Dios no está callado al respecto. Por eso, ¿por qué digo que existe una ley de la tierra? Y también hay un estándar más elevado. ¿Está la ley de la tierra y podemos contratar a expertos para escribirla y beneficiarnos, para que las leyes digan que está bien proteger nuestra agricultura pero no está bien que los granjeros africanos hagan lo mismo para ganarse la vida? Y las leyes dicen lo que dicen, pero Dios no guarda silencio [...] Las leyes humanas están escritas, eso es lo que dicen. Pero Dios no las acepta. Por lo menos no las mías. ¿Y las tuyas?

Termino esta mañana sobre un terreno delicado. Les pongo sobre la mesa una idea peligrosa: mi Dios contra su Dios. Su Dios contra nuestro Dios, contra ningún Dios. En estos días es muy fácil ver a la religión como una fuerza divisoria más que unificadora. Y estamos en una ciudad –Washington– que sabe algo de la división. Pero la razón por la que estoy aquí, y la razón por la que sigo volviendo a Washington, es porque esta es una ciudad que está demostrando poder unirse por el bien de lo que las Escrituras llaman el menor de estos. No se trata de una idea republicana ni demócrata. Ni siquiera, con todos mis respetos, una idea americana. Ni tampoco es exclusiva de ninguna fe. «Traten a los demás tal y como quieren que ellos los traten a ustedes». Es lo que dice Jesús. «La rectitud es esto: que uno debe entregar riquezas por amor hacia su prójimo y a los huérfanos y a los necesitados, y los caminantes y los mendigos y para el rescate de los cautivos». Eso lo dice el Corán. Así dijo el Señor: «¿No es acaso el ayuno compartir tu pan con el hambriento y dar refugio a los pobres sin techo, vestir al desnudo y no dejar de lado a tus semejantes? Si así procedes, tu luz despuntará como la aurora, y al instante llegará tu sanidad; tu justicia te abrirá el camino, y la gloria del Señor te seguirá». La Escritura judía dice eso. En Isaías 58 de nuevo. Es un incentivo poderoso: «El Señor te vigilará las espaldas». A mí me parece un buen trato ahora mismo.

Hace unos años, me encontré con un hombre sabio que cambió mi vida. De innumerables modos, pequeños y grandes, yo estaba siempre buscando la bendición del Señor. Decía, ¿sabes?, tengo una nueva canción, ¿te ocuparás de ello? Tengo una familia, por favor, cuida de ellos. Tengo una idea loca... Y este hombre sabio me dijo: para. Dijo: deja de pedir a Dios que bendiga lo que estás haciendo. Implícate en lo que Dios está haciendo, porque eso ya está bendito. Bien. Dios, como dije, está con los pobres. Eso creo yo, es lo que Dios está haciendo, y es lo que nos llama a hacer. Me sorprendió cuando primero llegué a este país y aprendí cuánto diezman los asistentes a iglesias. Casi el 10% del presupuesto familiar. ¿Cómo queda eso con el presupuesto federal, el presupuesto de toda la familia americana? ¿Cuánto de eso va a los más pobres del mundo? Menos del 1%.

Sr. Presidente, Congreso, gente de fe, pueblo de América:

Quiero sugerirles hoy que vean el flujo de ayuda efectiva al extranjero como un diezmo... Lo que, para ser verdaderamente significativo, quiere decir que un 1% adicional del presupuesto federal se ofrezca como diezmo a los pobres.

¿Qué es un 1%?

El 1% no es simplemente un número en una hoja de balance. El 1% es la niña en África que va al colegio gracias a ustedes. El 1% es el paciente de SIDA que obtiene sus medicinas, gracias a ustedes. El 1% es el empresario africano que puede comenzar un pequeño negocio familiar gracias a ustedes. El 1% no es redecorar palacios presidenciales o que el dinero se vaya por las alcantarillas. Este 1% es cavar pozos para proporcionar agua limpia, como vi en Uganda. El 1% es una nueva asociación con África, no paternalismo hacia África, donde la asistencia creciente fluye hacia un gobierno mejor y con iniciativas con garantías aseguradas y lejos de futilidades y elefantes blancos que ya hemos visto antes. América da menos que el 1% en la actualidad. Estamos pidiendo un 1% extra para cambiar el mundo y para transformar millones de vidas. Pero no se trata solamente de esto, y lo digo ante los militares ahora, para transformar la forma en la que nos ven a nosotros.

El 1% es seguridad nacional, una economía mejorada, el interés propio, y un mundo mejor y más seguro. A mí me parece que en esta ciudad de tratos y compromisos, el 1% es el mejor trato posible. Muchas gracias.

(www.diariosubterraneo.blogspot.com,
www.americanrhetoric.com)

EL SERMÓN DEL MONTE DICHO POR JESÚS EN LA BIBLIA

Mateo 5

Las bienaventuranzas

Cuando vio a las multitudes, subió a la ladera de una montaña y se sentó. Sus discípulos se le acercaron, [2] y tomando él la palabra, comenzó a enseñarles diciendo:

[3] «Dichosos los pobres en espíritu,
porque el reino de los cielos les pertenece.
[4] Dichosos los que lloran,
porque serán consolados.
[5] Dichosos los humildes,
porque recibirán la tierra como herencia.
[6] Dichosos los que tienen hambre y sed de justicia,
porque serán saciados.
[7] Dichosos los compasivos,
porque serán tratados con compasión.
[8] Dichosos los de corazón limpio,
porque ellos verán a Dios.
[9] Dichosos los que trabajan por la paz,
porque serán llamados hijos de Dios.
[10] Dichosos los perseguidos por causa de la justicia,
porque el reino de los cielos les pertenece.

[11] »Dichosos serán ustedes cuando por mi causa la gente los insulte, los persiga y levante contra ustedes toda clase de calumnias. [12] Alégrense y llénense de júbilo, porque les espera una gran recompensa en el cielo. Así también persiguieron a los profetas que los precedieron a ustedes.

La sal y la luz

[13] »Ustedes son la sal de la tierra. Pero si la sal se vuelve insípida, ¿cómo recobrará su sabor? Ya no sirve para nada, sino para que la gente la deseche y la pisotee. [14] »Ustedes son la luz del mundo. Una ciudad en lo alto de una colina no puede esconderse. [15] Ni se enciende una lámpara para cubrirla con un cajón. Por el contrario, se pone en la repisa para que alumbre a todos los que están en la casa. [16] Hagan brillar su luz delante de todos, para que ellos puedan ver las buenas obras de ustedes y alaben al Padre que está en el cielo.

El cumplimiento de la ley

[17] »No piensen que he venido a anular la ley o los profetas; no he venido a anularlos sino a darles cumplimiento. [18] Les aseguro que mientras existan el cielo y la tierra, ni una letra ni una tilde de la ley desaparecerán hasta que todo se haya cumplido. [19] Todo el que infrinja uno solo de estos mandamientos, por pequeño que sea, y enseñe a otros a hacer lo mismo, será considerado el más pequeño en el reino de los cielos; pero el que los practique y enseñe será considerado grande en el reino de los cielos. [20] Porque les digo a ustedes, que no van a entrar en el reino de los cielos a menos que su justicia supere a la de los fariseos y de los maestros de la ley.

El homicidio

[21] »Ustedes han oído que se dijo a sus antepasados: "No mates, y todo el que mate quedará sujeto al juicio del tribunal." [22] Pero yo les digo que todo el que se enoje con su hermano quedará sujeto al juicio del tribunal. Es más, cualquiera que insulte a su hermano quedará sujeto al juicio del Consejo. Pero cualquiera que lo maldiga quedará sujeto al juicio del infierno.

[23] »Por lo tanto, si estás presentando tu ofrenda en el altar y allí recuerdas que tu hermano tiene algo contra ti, [24] deja tu ofrenda allí delante del altar. Ve primero y reconcíliate con tu hermano; luego vuelve y presenta tu ofrenda. [25] »Si tu adversario te va a denunciar, llega a un acuerdo con él lo más pronto posible. Hazlo mientras vayan de camino al juzgado, no sea que te entregue al juez, y el juez al guardia, y te echen en la cárcel. [26] Te aseguro que no saldrás de allí hasta que pagues el último centavo.

El adulterio

[27] »Ustedes han oído que se dijo: "No cometas adulterio." [28] Pero yo les digo que cualquiera que mira a una mujer y la codicia ya ha cometido adulterio con ella en el corazón. [29] Por tanto, si tu ojo derecho te hace pecar, sácatelo y tíralo. Más te vale perder una sola parte de tu cuerpo, y no que todo él sea arrojado al infierno. [30] Y si tu mano derecha te hace pecar, córtatela y arrójala. Más te vale perder una sola parte de tu cuerpo, y no que todo él vaya al infierno.

El divorcio

[31] »Se ha dicho: "El que repudia a su esposa debe darle un certificado de divorcio." [32] Pero yo les digo que, excepto en caso de infidelidad conyugal, todo el que se divorcia de su esposa, la induce a cometer adulterio, y el que se casa con la divorciada comete adulterio también.

Los juramentos

[33] »También han oído que se dijo a sus antepasados: "No faltes a tu juramento, sino cumple con tus promesas al Señor." [34] Pero yo les digo: No juren de ningún modo: ni por el cielo, porque es el

trono de Dios; ³⁵ ni por la tierra, porque es el estrado de sus pies; ni por Jerusalén, porque es la ciudad del gran Rey. ³⁶ Tampoco jures por tu cabeza, porque no puedes hacer que ni uno solo de tus cabellos se vuelva blanco o negro. ³⁷ Cuando ustedes digan "sí", que sea realmente sí; y cuando digan "no", que sea no. Cualquier cosa de más, proviene del maligno.

Ojo por ojo

³⁸ »Ustedes han oído que se dijo: "Ojo por ojo y diente por diente." ³⁹ Pero yo les digo: No resistan al que les haga mal. Si alguien te da una bofetada en la mejilla derecha, vuélvele también la otra. ⁴⁰ Si alguien te pone pleito para quitarte la capa, déjale también la camisa. ⁴¹ Si alguien te obliga a llevarle la carga un kilómetro, llévasela dos. ⁴² Al que te pida, dale; y al que quiera tomar de ti prestado, no le vuelvas la espalda.

El amor a los enemigos

⁴³ »Ustedes han oído que se dijo: "Ama a tu prójimo y odia a tu enemigo." ⁴⁴ Pero yo les digo: Amen a sus enemigos y oren por quienes los persiguen, ⁴⁵ para que sean hijos de su Padre que está en el cielo. Él hace que salga el sol sobre malos y buenos, y que llueva sobre justos e injustos. ⁴⁶ Si ustedes aman solamente a quienes los aman, ¿qué recompensa recibirán? ¿Acaso no hacen eso hasta los recaudadores de impuestos? ⁴⁷ Y si saludan a sus hermanos solamente, ¿qué de más hacen ustedes? ¿Acaso no hacen esto hasta los gentiles? ⁴⁸ Por tanto, sean perfectos, así como su Padre celestial es perfecto.

Mateo 6

El dar a los necesitados

»Cuídense de no hacer sus obras de justicia delante de la gente para llamar la atención. Si actúan así, su Padre que está en el cielo no les dará ninguna recompensa. ² »Por eso, cuando des a los necesitados, no lo anuncies al son de trompeta, como lo hacen los hipócritas en las sinagogas y en las calles para que la gente les rinda homenaje. Les aseguro que ellos ya han recibido toda su recompensa. ³ Más bien, cuando des a los necesitados, que no se entere tu mano izquierda de lo que hace la derecha, ⁴ para que tu limosna sea en secreto. Así tu Padre, que ve lo que se hace en secreto, te recompensará.

La oración

⁵ »Cuando oren, no sean como los hipócritas, porque a ellos les encanta orar de pie en las sinagogas y en las esquinas de las plazas para que la gente los vea. Les aseguro que ya han obtenido toda su recompensa. ⁶ Pero tú, cuando te pongas a orar, entra en tu cuarto, cierra la puerta y ora a tu Padre, que está en lo secreto. Así tu Padre, que ve lo que se hace en secreto, te recompensará. ⁷ Y al orar, no hablen sólo por hablar como hacen los gentiles, porque ellos se imaginan que serán escuchados por sus muchas palabras. ⁸ No sean como ellos, porque su Padre sabe lo que ustedes necesitan antes de que se lo pidan.

⁹ »Ustedes deben orar así:

»"Padre nuestro que estás en el cielo,
santificado sea tu nombre,
¹⁰ venga tu reino,
hágase tu voluntad
    en la tierra como en el cielo.

¹¹ Danos hoy nuestro pan cotidiano.
¹² Perdónanos nuestras deudas,
   como también nosotros hemos perdonado a nuestros
deudores.
¹³ Y no nos dejes caer en tentación,
sino líbranos del maligno."

¹⁴ »Porque si perdonan a otros sus ofensas, también los perdonará a ustedes su Padre celestial. ¹⁵ Pero si no perdonan a otros sus ofensas, tampoco su Padre les perdonará a ustedes las suyas.

El ayuno

¹⁶ »Cuando ayunen, no pongan cara triste como hacen los hipócritas, que demudan sus rostros para mostrar que están ayunando. Les aseguro que éstos ya han obtenido toda su recompensa. ¹⁷ Pero tú, cuando ayunes, perfúmate la cabeza y lávate la cara ¹⁸ para que no sea evidente ante los demás que estás ayunando, sino sólo ante tu Padre, que está en lo secreto; y tu Padre, que ve lo que se hace en secreto, te recompensará.

Tesoros en el cielo

¹⁹ »No acumulen para sí tesoros en la tierra, donde la polilla y el óxido destruyen, y donde los ladrones se meten a robar. ²⁰ Más bien, acumulen para sí tesoros en el cielo, donde ni la polilla ni el óxido carcomen, ni los ladrones se meten a robar. ²¹ Porque donde esté tu tesoro, allí estará también tu corazón.

²² »El ojo es la lámpara del cuerpo. Por tanto, si tu visión es clara, todo tu ser disfrutará de la luz. ²³ Pero si tu visión está nublada, todo tu ser estará en oscuridad. Si la luz que hay en ti es oscuridad, ¡qué densa será esa oscuridad!

[24] »Nadie puede servir a dos señores, pues menospreciará a uno y amará al otro, o querrá mucho a uno y despreciará al otro. No se puede servir a la vez a Dios y a las riquezas.

De nada sirve preocuparse

[25] »Por eso les digo: No se preocupen por su vida, qué comerán o beberán; ni por su cuerpo, cómo se vestirán. ¿No tiene la vida más valor que la comida, y el cuerpo más que la ropa? [26] Fíjense en las aves del cielo: no siembran ni cosechan ni almacenan en graneros; sin embargo, el Padre celestial las alimenta. ¿No valen ustedes mucho más que ellas? [27] ¿Quién de ustedes, por mucho que se preocupe, puede añadir una sola hora al curso de su vida?

[28] »¿Y por qué se preocupan por la ropa? Observen cómo crecen los lirios del campo. No trabajan ni hilan; [29] sin embargo, les digo que ni siquiera Salomón, con todo su esplendor, se vestía como uno de ellos. [30] Si así viste Dios a la hierba que hoy está en el campo y mañana es arrojada al horno, ¿no hará mucho más por ustedes, gente de poca fe? [31] Así que no se preocupen diciendo: "¿Qué comeremos?" o "¿Qué beberemos?" o "¿Con qué nos vestiremos?" [32] Porque los paganos andan tras todas estas cosas, y el Padre celestial sabe que ustedes las necesitan. [33] Más bien, busquen primeramente el reino de Dios y su justicia, y todas estas cosas les serán añadidas. [34] Por lo tanto, no se angustien por el mañana, el cual tendrá sus propios afanes. Cada día tiene ya sus problemas.

Mateo 7

El juzgar a los demás

[1] »No juzguen a nadie, para que nadie los juzgue a ustedes. [2] Porque tal como juzguen se les juzgará, y con la medida que midan a otros, se les medirá a ustedes.

[3] »¿Por qué te fijas en la astilla que tiene tu hermano en el ojo, y no le das importancia a la viga que está en el tuyo? [4] ¿Cómo puedes decirle a tu hermano: "Déjame sacarte la astilla del ojo", cuando ahí tienes una viga en el tuyo? [5] ¡Hipócrita!, saca primero la viga de tu propio ojo, y entonces verás con claridad para sacar la astilla del ojo de tu hermano.

[6] »No den lo sagrado a los perros, no sea que se vuelvan contra ustedes y los despedacen; ni echen sus perlas a los cerdos, no sea que las pisoteen.

Pidan, busquen, llamen

[7] »Pidan, y se les dará; busquen, y encontrarán; llamen, y se les abrirá. [8] Porque todo el que pide, recibe; el que busca, encuentra; y al que llama, se le abre.

[9] »¿Quién de ustedes, si su hijo le pide pan, le da una piedra? [10] ¿O si le pide un pescado, le da una serpiente? [11] Pues si ustedes, aun siendo malos, saben dar cosas buenas a sus hijos, ¡cuánto más su Padre que está en el cielo dará cosas buenas a los que le pidan! [12] Así que en todo traten ustedes a los demás tal y como quieren que ellos los traten a ustedes. De hecho, esto es la ley y los profetas.

La puerta estrecha y la puerta ancha

[13] »Entren por la puerta estrecha. Porque es ancha la puerta y espacioso el camino que conduce a la destrucción, y muchos entran por ella. [14] Pero estrecha es la puerta y angosto el camino que conduce a la vida, y son pocos los que la encuentran.

El árbol y sus frutos

[15] »Cuídense de los falsos profetas. Vienen a ustedes disfrazados de ovejas, pero por dentro son lobos feroces. [16] Por sus frutos los conocerán. ¿Acaso se recogen uvas de los espinos, o higos de los cardos? [17] Del mismo modo, todo árbol bueno da fruto bueno, pero el árbol malo da fruto malo. [18] Un árbol bueno no puede dar fruto malo, y un árbol malo no puede dar fruto bueno. [19] Todo árbol que no da buen fruto se corta y se arroja al fuego. [20] Así que por sus frutos los conocerán.

[21] »No todo el que me dice: "Señor, Señor", entrará en el reino de los cielos, sino sólo el que hace la voluntad de mi Padre que está en el cielo. [22] Muchos me dirán en aquel día: "Señor, Señor, ¿no profetizamos en tu nombre, y en tu nombre expulsamos demonios e hicimos muchos milagros?" [23] Entonces les diré claramente: "Jamás los conocí. ¡Aléjense de mí, hacedores de maldad!"

El prudente y el insensato

[24] »Por tanto, todo el que me oye estas palabras y las pone en práctica es como un hombre prudente que construyó su casa sobre la roca. [25] Cayeron las lluvias, crecieron los ríos, y soplaron los vientos y azotaron aquella casa; con todo, la casa no se derrumbó porque estaba cimentada sobre la roca. [26] Pero todo el que me oye estas palabras y no las pone en práctica es como

un hombre insensato que construyó su casa sobre la arena. [27] Cayeron las lluvias, crecieron los ríos, y soplaron los vientos y azotaron aquella casa, y ésta se derrumbó, y grande fue su ruina.»

[28] Cuando Jesús terminó de decir estas cosas, las multitudes se asombraron de su enseñanza, [29] porque les enseñaba como quien tenía autoridad, y no como los maestros de la ley.

REFERENCIAS

[1] Bill Clinton, «From technology to equality, five ways the world is getting better all the time» [De la tecnología a la igualdad. Cinco formas en que el mundo mejora cada día], *TIME*, 1 de octubre de 2012.

[2] Bergonzoli G. y Victoria D., En «Rectoría y Vigilancia de la Salud. Monografía 94-01». OPS/OMS, 1994. pp. 11-14. Disponible en red: http://desastres.unanleon.edu.ni/pdf/2004/junio-julio/pdf/spa/doc5427/doc5427-1.pdf

[3] F. López de Castro y F.J. Rodríguez Alcalá, En «Planificación Sanitaria (I). SEMERGEN, 2003; 29 (5): 244-254. Disponible en red: http://apps.elsevier.es/watermark/ctl_servlet?_f=10&pident_articulo=13047276&pident_usuario=0&pcontactid=&pident_revista=40&ty=147&accion=L&origen=elsevier&web=www.elsevier.es&lan=es&fichero=40v29n05a13047276pdf001.pdf

[4] Gobierno de Guatemala, Ministerio de Trabajo y Previsión Social, Ley de Protección Integral de la Niñez y Adolescencia, Decreto No. 27-2000. El congreso de la República de Guatemala. Disponible en red: http://www.mintrabajo.gob.gt/index.php/organizacioninterna/direccion-de-prevision-social/adolecencia-trabajadora/168-ley-de-proteccion-integral-de-la-ninez-y-adolescencia.html

[5] Ministerio de Salud Pública y Asistencia Social. Departamento de Programas de Regulación de los Programas de Atención a las Personas, En «Normas de Atención en Salud Integral para primer y segundo nivel». Segunda Edición sin año de publicación. pp. 11-12.

[6] Programa de Naciones Unidas para el Desarrollo, en Guatemala: ¿Un país de oportunidades para la juventud?, Informe nacional de desarrollo humano, 2011/2012, Guatemala, 2012, p. 5.

[7] Tony Campolo y Gordon Aeschliman, *Todos Queremos Cambiar al Mundo, Ideas Prácticas para la Justicia Social*, Editorial Vida, Miami, FL, 2008. pp. 51-78.

[8] Kara E. Powell y Brad Griffin, *Deep Justice Journeys* [Viajes profundos de justicia], Zondervan, Grand Rapids, MI; Youth Specialties, El Cajon, CA, 2009, pp. 5-8.

Proyectos cortesía de la Vicepresidencia de la República Dominicana: Prosperando con Solidaridad; Bebé, Piénsalo Bien; Centros Tecnológicos Comunitarios; Espacios de Esperanza y Jóvenes.

si
trabajas
con jóvenes
nuestro
deseo es
ayudarte

Especialidades Juveniles.com

Santa Biblia
para Chicas

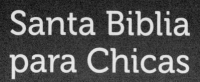

Santa Biblia
para chicas

¡VIVE!

Despierta tu
Creatividad

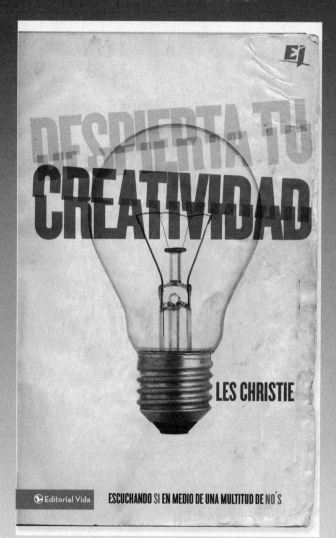

ESCUCHANDO SI EN MEDIO DE UNA MULTITUD DE NO´S

La Batalla
de las Drogas

LUCAS LEYS   GABI MORALES

LA
BATALLA
DE LAS

DRO
GAS

¿QUÉ HACER?
¿CÓMO AYUDAR?

Editorial Vida

Dios te invita
a su Aventura

Nos agradaría recibir noticias suyas.
Por favor, envíe sus comentarios sobre este libro a
la dirección que aparece a continuación.
Muchas gracias.

vida@zondervan.com
www.editorialvida.com